DE FIDEICOMMISSIS

DES SUBSTITUTIONS PROHIBÉES

ACTE PUBLIC POUR LE DOCTORAT

PRÉSENTÉ A LA FACULTÉ DE DROIT DE STRASBOURG

ET SOUTENU PUBLIQUEMENT LE 7 MAI 1863, A MIDI

PAR

VICTOR CLÉMENT
Avocat à la Cour impériale de Colmar

STRASBOURG
IMPRIMERIE DE VEUVE BERGER-LEVRAULT
1863

DE FIDEICOMMISSIS

DES SUBSTITUTIONS PROHIBÉES

ACTE PUBLIC POUR LE DOCTORAT

PRÉSENTÉ A LA FACULTÉ DE DROIT DE STRASBOURG

ET SOUTENU PUBLIQUEMENT LE 7 MAI 1863, A MIDI

PAR

VICTOR CLÉMENT

Avocat à la Cour impériale de Colmar

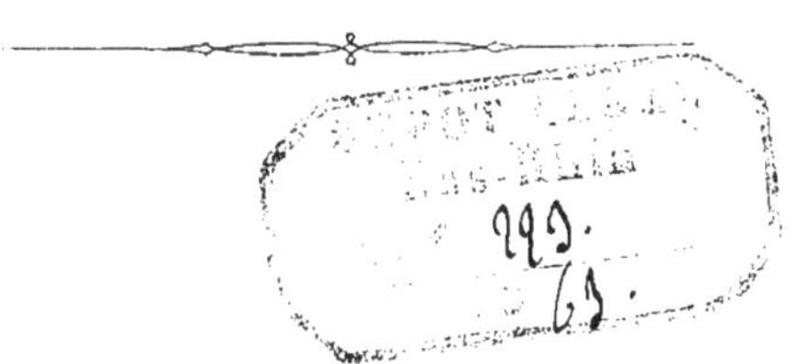

STRASBOURG

IMPRIMERIE DE VEUVE BERGER-LEVRAULT

1863

A LA MÉMOIRE DE MON PÈRE

A MA MÈRE

A MES TANTES

Témoignage d'affection et de pieux souvenir

V. Clément.

A MONSIEUR

DE BIGORIE DE LASCHAMPS

PROCUREUR GÉNÉRAL IMPÉRIAL PRÈS LA COUR DE COLMAR

Hommage respectueux de dévouement.

V. CLÉMENT.

FACULTÉ DE DROIT DE STRASBOURG.

PROFESSEURS.

MM. AUBRY O ✻, doyen . Code Napoléon.
HEPP ✻ . . . . . . Droit des gens.
HEIMBURGER . . . . Droit romain.
THIERIET ✻. . . . . Droit commercial.
RAU ✻ . . . . Code Napoléon.
LAMACHE ✻. . . . . Droit administratif.
DESTRAIS . . . . . . Procédure civile et Droit criminel.
MUGNIER . . . . . . Code Napoléon.
N. . . . . Droit romain.

M. LEDERLIN, professeur agrégé.

M. BÉCOURT, officier de l'Université, secrétaire, agent comptable.

COMMISSION D'EXAMEN.

MM. HEIMBURGER, président de l'acte public.
THIERIET,
RAU,
LAMACHE,
LEDERLIN,
} Examinateurs.

La Faculté n'entend ni approuver ni désapprouver les opinions particulières au candidat.

JUS ROMANUM.

DE FIDEICOMMISSIS.

In principio pro lege populi habebantur testamenta, quæ idcirco semper facienda erant imperii forma jussusque modo solemnibusque verbis. Consequebatur substitutionem, id est hereditatis translationem apud alium heredem, valere, non autem valere fideicommissum, scilicet de hereditate vel qualibet hereditatis parte ad aliam personam transferenda.

Fideicommissum igitur in antiquo jure vetitum, de quo nos admonet Justinianus dicens : «Sciendum itaque est omnia fideicommissa primis temporibus infirma esse, quia nemo invitus cogebatur præstare id de quo rogatus erat.»[1]

Neminem fallunt Quiritium juris nimii ritus strictæque formæ, indolesque rudis, et testamenta vim tantum sumentia ex solemnibus formulis, latinisque litteris. Neque item ignoratur quomodo multi ad hereditatem adiendam non erant idonei, sicut peregrini, proscripti ex lege Cornelia[2], mulieres ex Voconia, qua cives, quibus erant centum et millia sestertia, ipsam unicam filiam prohibebantur instituere; sicut et externi posthumi atque incertæ personæ, et Dei, pauperes, collegia, municipia, postea quoque dedititii, Latinique Juniani, cœlibes et orbi, ex Ælia Sentia, Junia Nor-

1. Just., l. 2, t. 23, § 1.
2. Cicero, *In Ver.*, II, 1, 47.

bana et Papia Poppea legibus. Heres denique intestatus nullo tenebatur jussu vel præcepto, quippe quoniam hereditatem non testatoris voluntate sed legis beneficio adibat.

Illas igitur prohibitiones eludendi causa inventum est fideicommissum, quo illa quæ jubere non poterat testator, nuda prece rogabat et de fide consulebat heredis vel testamentarii vel intestati: ita idoneus instituebatur heres, cui dabat hereditatem, et precabatur testator ut illa vel totaliter vel ex aliqua parte ad personam non idoneam quam designaverat restitueretur.

Talis est fideicommissorum fons: in origine non vinciebatur heres; res fidei committebatur atque in ejus potestate manebat reddere vel non reddere hereditatem : sic Institutorum verba: « *ejus fidei committebat* » — « et ideo fideicommissa « appellata sunt, quia nullo vinculo juris, sed tantum pudore « eorum qui rogabantur, continebantur. »[1]

Posterius vero, precationis mandative tuendorum ratione, more receptum est de jurejurando fideicommissarii. Jurabatur autem *per Lares*, *per Jovem*, *per salutem principis.*

Fideicommissa jam Ciceronis tempore vigebant[2] et publice contemnebantur hi qui spreto mandato omissaque prece testatoris, hereditatis bona quæ ad alium transferenda erant, usurpabant. Augustus imperator, « *quia et populare erat,* » consulibus non semel præscripsit ut auctoritatem interponerent ad ultimam testatorum voluntatem tuendam. Hoc non autem factum est ex senatus-consulto, vel constitutione, vel quadam lege, sed privato prætorum interventu, modo in hoc, modo in illo casu, cui consulere æquum videbatur.

Postea prætor specialis, qui *fideicommissarius* vocabatur, ad fideicommissorum cognitionem creatus est. Illa autem

1. Just., l. 2, t. 23, § 1.
2. Cicero, *De fine boni et mali*, l. 11, 17.

quibus nullum erat vinculum juris, non per actiones ordinarias vel per formulam judicabantur, vero extra ordinem, prætore officium magistratus fungente simul ac judicis.

Tunc palam amotæ sunt stricti juris prohibitiones vocabanturque ad legatum vel institutionem non idonei.

Quum vero in jure firmæ steterunt fideicommissariæ institutiones, tum liberum ingressum amiserunt. Per Pegasianum senatus-consultum, sicut institutiones directæ et legata, legibus Juliæ et Papiæ fuerunt subjectæ. Aliud senatus-consultum, divi Adriani tempore latum, eas vetuit relinquendas peregrinis, incertis personis, pœnæ nomine, denique mulieribus ex Voconia ratione.

Ergo fideicommissum definitur ultimæ voluntatis dispositio, per quam, liberalitate alicujus beneficio facta, bona statim vel post tempus aliæ personæ nominatæ restituenda sunt.

Heredis institutio, cujus fidei hereditas commissa, valere debet, sin aliter totum testamentum nullum : dicendum est itaque : « *Lucius Titius, heres esto* », deinde : « *Rogo te, Luci Titi, ut cum primum possis hereditatem meam adire, eam Caïo Seio reddas, restituas.* »

Nihilominus fideicommissorum nulla solemnis est formula; græce scribi possunt, etsi institutiones legataque tantum latine. Verba quibus utebantur testatores omni modo precativa erant : « *peto, rogo, volo, mando, fidei tuæ committo.* »

Putat etiam Ulpianus fideicommissum nutu valere : « *Etiam* « *nutu relinquere fideicommissum in usu receptum est*[1]; » de quo autem certatur.

Quemadmodum testator heredibus institutis fideicommissum valde imponet, ita ille qui intestatus decedit.

---

1. Ulp., *Reg.*, 25, § 3.

Valet præterea dispositio sive tota hereditas datur vel quælibet pars; rem quoque alienam reddere recte mandatur.

Fideicommissa totam hereditatem vel partem continentia ad institutiones pertinent, universaliaque vocari possunt; illa autem quæ tantum quamdam rem, ut peculium, vel pecus amplectuntur, legatis proxima sunt: specialia possunt nominari.

Specialia tamen omnibus regulis legata regentibus non subjecta fuerunt. Vigebat principium generale, quo fons invenitur non in stricto jure, sed testatoris voluntate; idcirco majore favore præstabantur. Sic intestato heredi imponitur fideicommissum, non autem legatum.

Relinquitur fideicommissum, quod fieri nequit in legatis vel heredis institutionibus, per codicillum non confirmatum vel græce scriptum, etiam verbis vel signo.

Quum ab herede negatur legatum per damnationem, adversus eum in duplum agitur; contra adversus fiduciarium inficiantem in simplum.

Verba fideicommissorum nihil habent solemne, legata autem *civilibus verbis* certam formulam continentibus facienda sunt.

Legatum legatario vel fideicommissario imponi vetitur, vero fideicommissum.

Per codicillum, etsi testamento confirmatum nemo instituitur, vel exheredatur, fideicommissarius vero per codicillum.

Quum fideicommissa legatorum regulis subjecta sunt, potuerunt nihilominus Latini Juniani per fideicommissum recipere quod non poterant per legatum vel institutionem ex Julia lege.

Aliàs non valent manumissiones seu legata quæ hereditariam institutionem præcedunt, quod non verum de fideicommissis.

Licitum quoque testatori terminum statuere executionis, dum nulla est heredis institutio ad certum tempus, vel ex certo tempore.

Demum, quoad effectum, insignis est differentia, nam fideicommisso non transfertur dominium; et fideicommissum apud specialem prætorem, de quo locuti sumus, rogari debet; prætor directe judicabat, omissa actione, dabatque missionem in rem.

Sic videtur quantum in principio interesset legata de fideicommissis discernere, præsertim legatum *per damnationem*, cujus illa proxima erant.

Fiduciarius reddere cogi potest vel totam hereditatem, vel quamdam partem, vel pure, vel sub conditione, seu termino. Diversis temporibus diversi fuerunt modi restituendi.

Vigentibus duodecim tabulis heres solus defuncti personam sustinet; solus actiones habet, solusque actionibus tenetur. Quum semel hereditatem adiret, eam repellere alterius beneficio non poterat, secundum antiquam regulam : *semel hæres, semper hæres*. Quomodo igitur fiduciarius restituebat nos admonet Gaïus[1]; restitutio fiebat per in jure cessionem de rebus nec mancipi; alius restitutionis modus pro nullo habebatur. Cæterum in testamento per æs et libram, testator mancipatione recte utebatur, per quam fideicommissarius testatoris loco habebatur.

Aliàs in jure cessio non faciebat heredem, nisi cedens ipse heres externus intestatus fuerit, neque hereditatem adhuc adierit[2]. Tunc tantum cessionarius fiebat heres, perinde ac si ipse heres fuisset. Contra vero si heres plano jure heres esset, vel hereditatem jam adiisset, cessionarius familiam non pro hereditate per in jure cessionem, sed tantum res corporales, non aliter ac si quæcumque apud magistratum in-

1. Gaïus, II, § 34.
2. Ibid.

dividue cessa fuerat, obtinebat. Admonendum est quidem, testamentum quum de instituto herede ageretur, omissa aditione, non valere. Tunc æs alienum heredis oneri manebat; atque Gaïus diversos in jure cessionis amplectens effectus et in ea inveniens renuntiationem, putat credita extincta esse[1]. Itaque inter fiduciarium et fideicommissarium mos erat stipulationes faciendi de rebus incorporalibus, sicut inter venditorem emptoremque hereditatis. Heres fideicommissario nummo uno fictam hereditatis venditionem faciebat. Stipulabatur ille hunc indemnitatem daturum pro omnibus quæ solvere deberet tanquam heres, stipulantem quoque in omni persecutione defensurum. Stipulabatur contra fideicommissarius heredem ei omnia hereditatis reddere, licereque fideicommissarium agere nomine *procuratoris in rem suam* pro hereditariis creditis. Tali modo ad hunc simul pertinebant hereditatis credita et debita.[2]

Tria numerantur universalia fideicommissa, scilicet illud per quod relinquitur hereditas seu pars hereditaria, illud de eo quod pervenerit et illud de eo quod supererit. De his generatim inspectis breviter disserendum.

Fideicommissum hereditatis vel portionis hereditariæ.

Fideicommissum totius hereditatis omnes hereditarias res continet, sic æs creditum ab herede receptum[3], simili modo

1. Gaïus, II, § 35.... Tum enim in usu erat ei cui restituebatur hereditas, nummo uno eam hereditatem dicis causa venire; et quæ stipulationes inter venditorem hereditatis et emptorem interponi solent, eædem interponebantur inter heredem et eum cui restituebatur hereditas, ut quidquid hereditario nomine condemnatus fuisset, sive quid alias bona fide dedisset, eo nomine indemnis esset; et omnino, si quis cum eo hereditario nomine ageret, ut recte defenderetur. Ille vero qui recipiebat hereditatem, invicem stipulabatur ut, si quid ex hereditate ad heredem pervenisset, id sibi restitueretur; ut etiam pateretur eum hereditarias actiones procuratorio aut cognitorio nomine exequi.

2. Gaïus, II, § 25.

3. Dig. 36. *Ad S.-C. Trebellianum*, l. 47.

æs alienum[1], omnia denique quæ heredis nomine obtinentur.[2]

Cæterum omnia periculo fideicommissarii manent, nisi heres culpæ latæ reus sit[3]. Quum non tenetur heres reddere lucrum quod fecit, scilicet fructus[4], et generatim omnia accessoria emolumenta[5], impenditur hoc lucrum in corrigendo hereditatis damno, quod obvenit spoliatione vel ruina, vel casu, vel etiam legatis specialibus, quæ alienis fecit testator[6]; reliquum autem lucri ad heredem pertinet. Lucrum vero cogitur iste reddere solum quod obtinuit post aditam hereditatem et ante moram reddendi[7]; redditurusque est, si testatoris ita voluntas est, vel expresse, vel quum nuncupatum est terminum restitutionis beneficio fideicommissarii positum.[8]

Si causa quæritur ex qua lucrum, de quo locuti sumus, ad fideicommissarium non pervenit, invenitur in ea ratione scilicet ut potius ex rebus hereditariis nascitur quam ipsi hereditati inherens videatur; heres autem solam hereditatem restiturus est. Quod aliorum emolumentorum retentionem quoque explicat Ulpianus, et apud Gaïum reperimus non esse restitutionem de hereditatibus mancipio hereditario obventis quia de ea re non rogatus esset heres[9]. Verum igitur loquitur Paulus dicens mancipiorum partum in fideicommisso non contineri.[10]

Si de mercedibus et creditis a testatore stipulatis agitur,

---

1. Dig. *Ad legem Falcidiam*, l. 35.
2. *Ad S.-C. Trebellianum*, l. 30, § 3.
3. L. 22, § 3.
4. L. 18. Prœ.
5. L. 33.
6. L. 27, § 16.
7. L. 27, § 1.
8. L. 28, § 14.
9. L. 63, § 4.
10. *De usur.*, l. 41, § 1.

restitutione antequam fiduciarius ea receperit postulata, non potest hic pecuniam quam impendit repetere neque actionum cessionem petere[1], nempe quia res illæ ex testatoris facto proveniunt et hereditati inherent; rogabitque recte fideicommissarius restituendam in suo statu hereditatem; quod verius adhuc si fiduciarius in mora est; non poterit indebitum repetere, si antea quam receperit, reddiderit.[2]

Testator, secundum voluntatem, amplitudinem restitutionis constituit; quum expresse non locutus est, prætor cum maxima cura interpretari debet.

Ex fideicommisso retinentur impensæ propter res venditas servatasque[3]; simili modo retinetur quod heredi a fideicommissario debetur[4]. Tenetur ille fiduciario propter retentionem, et propter obligationes gerendæ hereditatis[5], denique propter auctoritatem rerum hereditariarum emptoribus debitam, fidejussorem dare.[6]

Fideicommissum de eo quod pervenerit.

Hoc fideicommissi genus invenitur quum testator rogavit reddere vel portionem suam (non dicens hereditariam), vel quidquid ad ipsum pervenerit[7]. Ab altero genere distinguitur, quia restitutio legata, etiam per præceptionem, non autem prælegata quibus fiduciarius potius suam rem servat quam liberalitatem accipit, continet.[8]

---

1. *Ad S.-C. Trebell.*, l. 44, § 1.
2. L. 58, § 2.
3. L. 19, § 2.
4. Dig. 30. *De legat.*
5. *Ad S.-C. Trebell.*, l. 36.
6. L. 29.
7. L. 3, § 4.
8. Dig. *De legatis*, l. 77, § 12.

Fideicommissum de eo quod supererit.

Quod minorem amplitudinem habet quam fideicommissum hereditatis; non enim amplectitur quæ ab herede bona fide justisque causis consummata sunt, neque censetur hereditas minuta, si venditæ sunt res pro aliis emptis, neque si suas obligationes cum hereditatis pecunia solvit fiduciarius [1], nam bonus paterfamilias obligationes suas ex toto patrimonio, non ex quadam re solvere assuescit. Quæ igitur in suo commodo dependit heres, hereditatem tantum onerant congruenter comparata hereditariis simul ac propriis bonis. Licet etiam fideicommissario fidejussorem petere, ne heres successionem subvertat[2]. Postremo constitutum fuit quartam hereditatis partem salvam relinquendam, nisi de constituenda dote vel captivis redimendis ageretur.

Si fructus non omnino consumpti sunt, debetur reliquum, quum testator his verbis usus est: *quidquid ex bonis supererit;* non quum scripsit: *quod ex hereditate supererit.* [3]

Tertium denique inter fideicommissum hereditatis et de eo quod supererit reperitur discrimen, nam in illo retinet heres quidquid ei a testatore debetur; in hoc autem retinetur solum reliquum rerum hereditatis quas consummavit. [4]

Jam notum est actiones tam heredi vel contra heredem dari: quod periculosum, quia creditores fiduciarium persequi poterant, heresque fraudari si hereditatis emptor solvendo non erat. Cæterum adveniebat fideicommissarium maxima cum difficultate actiones obtinere posse : idcirco latum est anno bis centesimo quindecimo post Urbem conditam senatus-consultum Trebellianum.

1. Dig. *De legatis*, l. 70, 71 et 72.
2. *Ad S.-C. Trebell.*, l. 54.
3. L. 58, § 7.
4. Pothier, *Pandect.*, l. 36, 28.

De senatus-consulto Trebelliano.

Per senatus-consultum Trebellianum [1] decretum fuit omnes actiones quæ civili jure ad heredem vel contra eum pertinebant, in posterum directe adversus fideicommissarium dari vel ad illum transmitti.

Heres tamen heres manet; nam prætor jus civile nunquam subvertere ausus est, sed corrigere. Creditoribus igitur actiones contra heredem servantur, sed repellentur exceptione restitutæ hereditatis. Pari ratione heres in actionum possessione manet, sed adversus eum eadem exceptio opponitur a creditoribus [2]. Sic vere omnes actiones dantur fideicommissario, sed tantum utiles eæque in edicto proponuntur, quia ex jure civili non oriuntur. [3]

Fiduciarius vel heres civilis, vel prætorius [4], tutor quoque, seu curator [5], et pater, vel dominus fideicommissarii [6], vel etiam fideicommissarius [7] esse potest. Quum ipse fideicommissarius heredi reddere debet, inutile est senatus-consulto

---

1. *Ad S.-C. Trebell.*, § 1. Factum est enim senatus-consultum temporibus Neronis, octavo Kalendas septembres, Annæo Seneca et Trebellio Maximo consulibus.

§ 2. Cujus verba hæc sunt : Cum esset æquissimum in omnibus fideicommissariis hereditatibus, si qua de his bonis judicia penderent, ex his eos subire, in quos jus fructusque transferetur, potius quam cuique periculosam esse fidem suam : placet ut actiones quæ in heredem heredibusque dari solent, eas neque in eos, neque his dari qui fidei suæ commissum, sicuti rogati essent, restituissent, sed his et in eos, quibus ex testamento fideicommissum restitutum fuisset; quo magis in reliquum confirmentur supremæ defunctorum voluntates.

2. L. 27, § 7.
3. Gaïus, II, § 253.
4. *Ad S.-C. Trebell.*
5. L. 1, § 12.
6. Ibid., § 11.
7. Ibid., § 8.

uti, nempe quia, herede directas habente actiones, nullum effectum habere videntur utiles.[1]

Non transferuntur adversus vel ad fideicommissarium actiones, nisi valeat restitutiò ; neque ita æquiparabitur illi condemnatio de bonorum non restitutorum pretio solvendo[2]; sed necesse est tradi hereditatem restitutionis nomine, non autem nomine alio.

Non valet restitutio nisi qui fecerit potestatem vel auctoritatem reddere habeat et qui acceperit accipere ; fieri debet vel herede vel heredis jussu[3], posteaquam dies fideicommissi venit[4]. Si pupillus fideicommissarius est, illi auctoritas tutoris necessaria est.[5]

Transferuntur ex senatus-consulto quidquid extat naturali obligatione hereditati inherenti[6], omnesque hereditariæ actiones seu civiles, seu prætoriæ[7], obligationes vel pure vel sub conditione et cum termino positæ[8]; sufficit ut ex bonis defuncti pendeant.[9]

Non transferuntur actiones quæ fiduciario pertinent non heredis tantum sed alio nomine, puta si, tanquam patroni filius, patronatus jure possidet.[10]

Actiones tantum pro hereditaria fiduciarii portione conceduntur[11], neque dantur pro rebus quæ restituit fiduciarius, si plus restituit quam scripsit testator.[12]

---

1. L. 70.
2. L. 63, § 1.
3. L. 37.
4. L. 10.
5. L. 32, § 2.
6. L. 40.
7. L. 1, § 2.
8. L. 27, § 7.
9. L. 66, § 2.
10. L. 55.
11. L. 64, § 2.
12. L. 63, § 3.

Etsi exceptionem restitutæ hereditatis opponere potest heres, non potest si actio urgens est et periculosa, id est, si, absente fideicommissario, extinguenda esset.[1]

Vigente senatus-consulto Trebelliano, nullum jam periculum metuebat heres, sed illi non intererat hereditatem adire, quia nullum emolumentum. Quo sæpe adveniebat ut fideicommissum cum testamento caducum esset. Illud incommodum emandavit senatus-consultum Pegasianum qui Pegasio Pusioneque consulibus latum fuit.

De senatus-consulto Pegasiano.

Pegasianum senatus-consultum fiduciario fecit quod heredi Falcidia; sicut heres, legatis oneratus, potuit fiduciarius quartam hereditatis partem retinere.

Quum testator fideicommissario majorem partem quam tertiam dedit, fiunt stipulationes partis et pro parte, sicut inter heredem et legatarium.[2]

Quartam hanc partem nominaverunt romani jurisprudentes *quartam* vel *Falcidiam*; postea appellata fuit *Trebelliana quarta*, etsi ex Pegasiano non Trebelliano senatus-consulto oriatur.

Una persona quartam retinere potest, scilicet ea cui nomen heredis defertur.

Ergo fideicommissarius qui simul fiduciarius est retentionem recte non faciet, etsi jam nihil ab herede retentum fuerit.[3]

Supputatur quarta in fideicommissis legatisque[4]; obtinetur ex retentione et non ex petitione[5]; et in ea imputari

1. L. 49.
2. Ulpian., *Reg.*, XXV, § 14 et 15.
3. Dig. 35, 2. *Ad legem Falcidiam.*
4. *Ad S.-C. Trebell.*, l. 3, § 2.
5. L. 68, § 1.

necesse est quidquid ex successione recepit fiduciarius tanquam heres.

Secundum caput senatus-consulti Pegasiani locum habebat, quum heres, qui quartam retinere posset, tamen adire hereditatem nolebat, ob id quod ea suspecta ei esset quasi damnosa : in hoc casu in fideicommissarii potestate erat heredem cogere ut adiret; quod fiebat prætoris jussu et fideicommissarii periculo. Cui restituebatur tota hereditas transferebanturque omnes actiones perinde ac fieret ex senatus-consulto Trebelliano[1]. Tunc autem nullum emolumentum pertinebat ad heredem[2]; nullum jus in quarta et in legatis et fideicommissis quæ ei dederat testator. Sed non fructus reddere tenebatur, quos ante hereditatem aditam et ante moram receperat.[3]

Senatus-consultum Trebellianum a Pegasiano non fuit abrogatum. Si non plus quam dodrantem hereditatis heres rogatus sit restituere, restituebatur ex Trebelliano; actiones igitur cuique pertinebant secundum portionem suam, scilicet heredi ex jure civili, fideicommissario autem ex senatus-consulto. At si plus quam dodrantem vel etiam totam hereditatem rogatus sit restituere, necesse erat uti Pegasiano. Quarta retenta, stipulationes partis et pro parte fiebant; sed stipulationes emptæ et venditæ hereditatis, si hereditas tota restituebatur.

Quid autem de actionibus, quum quarta retenta non esset sed restitutio integra? Apud Gaium legimus Pegasianum etiam valere[4], actiones transferri, fierique stipulationes emptæ et venditæ hereditatis.

1. Gaïus, II, § 258.
2. *Ad S.-C. Trebell.*, l. 27, § 2.
3. L. 27, § 2.
4. Gaïus, II, § 257.

Locum est Trebelliano, quum testator heredem rogavit retinere quartam vel rem quartæ æquiparatam; quo in casu omnes actiones ad fideicommissarium pertinent, nam heres pro legatario habetur.

Denique si testator minus quam quartam heredi assignavit, confugitur ad Pegasianum.

Mutationes Justinianeæ.

De stipulationibus partis et pro parte et simul emptæ et venditæ hereditatis locuti sumus, quæ, ut ait Papinianus, captiosæ erant, quippe quoniam fiduciario periculosæ si fideicommissarius solvendo non erat, et pariter fideicommissario si fiduciarius.

Idcirco Justinianus sub nomine Trebelliani, dua senatus-consulta in unum conjungit: heres quartam retinet, sed fideicommissario transferuntur actiones, deficientibus stipulationibus, atque etsi fideicommissum sit totius hereditatis et aditio voluntaria.

Heres quartam non tantum retinere, sed solutam repetere potest, quod antea insuetum.

Heres cogitur adhuc, jussu prætoris periculoque fideicommissarii hereditatem adire; cæterum servantur aliæ dispositiones Pegasiani.

Justinianus jus quoque specialium fideicommissorum mutavit quæ Pegasiano et senatus-consulto ex Adriani tempore legatis assimilabantur; contrarium fecit imperator, quibusdam exceptis : sic necesse est fiduciario hereditatem transmitti, donec legatarius in re legata directam actionem possidet; fideicommissum per codicillum non confirmatum, herede intestato etiam per legatarium et fideicommissarium datur, non autem legatum.

Necessariæ manent inter heredemet legatarium stipulationes partis et pro parte, donec universalis fideicommissarius semper loco heredis habetur.

Demum permisit Justinianus quartæ detractionen prohiberi, et ab eo decretum fuit fideicommissa ex nuda testatoris voluntate valere, deficientibusque testibus et scriptura, jurejurando fiduciarii probari posse, cum ipse fideicommissarius *de calumnia* juraverit.

Si non jurat heres se nihil nosse, restiturus erit.

DROIT FRANÇAIS.

DES SUBSTITUTIONS PROHIBÉES.

Introduction.

Datant de la fin de la République, le fidéicommis, ainsi que nous l'avons vu, avait pour but et mission d'éluder les sévères prohibitions apportées par le législateur à la faculté de recevoir par testament; alors, pas de sanction; confiance entière du testateur dans la bonne foi de celui auquel il adressait sa prière; plus tard, l'usage en devenant chaque jour plus fréquent, Auguste en rend l'exécution obligatoire; le législateur, enfin, règle la matière; par des édits, par des sénatus-consultes, il détermine les conséquences tant actives que passives d'une pareille disposition testamentaire. C'est une partie des plus curieuses du Droit romain pour étudier la marche habile du préteur, les expédients ingénieux auxquels il avait recours, afin d'arriver à son but.

Mais le fidéicommis n'est pas ce que nous appelons *substitution prohibée, substitution fidéicommissaire,* selon les commentateurs d'aujourd'hui. Le fiduciaire est, en effet, tenu de restituer *immédiatement* les biens; ce n'est pas lui que le testateur a entendu gratifier.

La substitution fidéicommissaire tire son origine du fidéicommis; elle n'est qu'une des mille formes sous lesquelles peut se présenter celui-ci. Créée dans un intérêt social plutôt que politique, elle apparut au père de famille comme un moyen de refréner les coupables dissipations de ses enfants au milieu de ces débauches de toute sorte qui, sous les empereurs, épuisaient le patrimoine. Le père n'enlèvera pas au fils la jouissance de ses biens, mais il lui ôtera le pouvoir de les aliéner; il ne les lui laissera qu'à la charge de les transférer à son tour à la famille.

Les mêmes raisons qui avaient fait admettre cet étrange pouvoir donné au père de famille de régler par deux fois la dévolution de ses biens, firent aller plus loin encore. Réduite à un degré, la substitution était impuissante à arrêter le progrès du mal; la ruine de la maison n'était pas empêchée, elle n'était que retardée d'une génération : les substitutions devinrent perpétuelles.[1]

Ni chez les jurisconsultes romains, ni dans les constitutions impériales, il n'est question de priviléges de masculinité ou de primogéniture. C'est que la substitution, chez les Romains, avait pour but d'assurer, non pas la puissance de la famille, mais son existence même; de là, égalité complète entre tous les enfants à la succession de leur père.

Le droit de substitution, bien qu'il eût été introduit en faveur de la propre famille du testateur, s'exerça dans la suite au profit de celle d'un étranger.

Après avoir développé ces idées, et nous être appuyé de nombreux textes du Digeste, nous aurions pu examiner quelles conditions devait remplir la substitution, quels biens elle pouvait comprendre, entre quelles personnes elle pouvait s'établir, enfin passer en revue les droits et les devoirs du grevé, aussi bien que ceux de l'appelé, pour nous servir des expressions modernes.

Telles sont les réflexions que nous a suggérées l'étude de

1. Justinien, toutefois, fixa par sa Novelle 159 à quatre générations le nombre des dévolutions permises.

la matière; c'eût été là un travail original, nous le croyons, en tous les cas plein d'intérêt, puisqu'il nous aurait permis de suivre notre sujet de Droit français dans ses premières péripéties; nous nous réservons de les reprendre un jour, si les circonstances nous le permettent.

A peine les nouveaux conquérants de la Gaule, les Francs, s'y furent-ils établis, qu'une lutte commença entre les rois et leurs anciens compagnons qui cherchaient à transformer en propriétés héréditaires les bénéfices viagers dont ils étaient investis, à charge de fournir le service militaire. Ce fut ainsi que s'organisa dans ses différents degrés la polyarchie féodale.

Deux courants d'idées contraires exercent alors sur notre droit intermédiaire une influence parallèle. D'une part, l'égalité des partages tend de plus en plus à devenir le droit commun; les filles écartées par le droit des Germains, qui donnait toutes ses préférences à l'homme, au guerrier, sont admises à partager avec leurs frères la succession du père, et certaines coutumes pousseront même jusqu'à l'exagération ce principe en soi juste de l'égalité des enfants. Mais à côté de ce droit, il s'en forme un nouveau, droit dont l'origine est toute politique, et qui s'applique aux terres nobles; celui-là favorise la concentration de la terre entre les mains d'un seul, qui devient le chef de la famille, le seigneur et le roi du petit État féodal. En effet, au milieu des troubles qui désolaient le pays livré aux incursions des Normands, aux guerres privées, au brigandage, chacun sentait le besoin de se rallier autour d'un homme puissant, d'un chef de guerre, qui pût offrir une protection et maintenir intact le patrimoine de la famille. C'est à ces idées que se rattachent l'introduction du droit d'aînesse dans la succession des fiefs et l'adoption des substitutions. Mais de sociale qu'était cette institution à Rome, où elle n'avait d'autre but que de faire vivre la famille, elle devint politique au moyen âge, où elle tendit à maintenir entre les mains de la race incarnée dans son représentant, la fortune et le pouvoir : c'est ce qui explique qu'elles furent établies le plus souvent en faveur des mâles et des aînés.

Bien plus, lorsque la féodalité triomphante s'assit sur le trône avec les ducs de France, la substitution et le droit d'aînesse devinrent la loi de succession du royaume, qui jusque-là s'était trop souvent divisé comme un patrimoine à la mort des rois des deux premières races. Ces idées ont dicté à Pasquier le passage suivant de ses Recherches : « Il semble que cette brave invention du droit d'aînesse, ensemble des retraits et inhibitions de tester, soit venue sous la lignée de Hugues Capet, et que s'étant notre royaume divisé en échantillons et parcelles, chaque duc et comte, pour se prévaloir davantage en leurs nécessités de guerre, voulurent que la plus grande part et portion des fiefs de leurs vassaux vînt entre les mains d'un de leurs enfants et fût cet un approprié en la personne de l'aîné.

« Il est bon, pour la protection d'un pays, qu'entre gens destinés pour la guerre, il y en ait un entre les autres qui ait la plus grande part au gâteau, parce que celui-ci, ainsi avancé, supporte plus longuement la dépense d'une longue guerre, et les autres, qui seulement s'attendent à leur vertu, se hasardent plus aventureusement aux périls, pour trouver un moyen de se pousser et d'être connus à leur prince. »

Tels sont les motifs de l'introduction des substitutions dans notre Droit; quels ont été ceux qui ont dicté leur prohibition ?

Cette prohibition des substitutions fidéicommissaires est, il faut le reconnaître, une grave atteinte portée à la liberté illimitée de tester. Mais les raisons d'inconvénient qui ont guidé le législateur de 1792 et celui de 1803 étaient si évidentes que déjà les jurisconsultes de l'ancien Droit les avaient mises en lumière.

Montesquieu, tout en reconnaissant que les substitutions qui conservent les biens dans les familles sont utiles dans un gouvernement monarchique, ajoute néanmoins : « Les « substitutions gênent le commerce. Il est vrai, dit-il plus « loin, ces inconvénients particuliers à la noblesse dispa- « raissent devant l'utilité générale qu'elles procurent. » [1]

D'autres jurisconsultes éminents professent une opinion plus nette et plus décidée.

Coquille voyait de grands inconvénients à ce que « la « propriété des choses demeurât toujours incertaine et en « suspens; car celui qui a une chevance substituée n'est pas « maître et seigneur de son bien. » Il déplorait les déceptions des créanciers et des gendres causées par les substitutions « dont l'événement faisait si souvent l'hérédité coquine « de celui que l'on pensait être bien riche. » [2]

« Plus d'un jurisconsulte de la trempe d'Alciat et des Menochius, dit à ce sujet M. Troplong, avaient déclaré les substitutions odieuses, embarrassantes et *non satis reipublicæ expedientes*. Le cardinal Mantica compte douze raisons pour leur imprimer ce caractère, et un si grand nombre de docteurs à l'appui, que la liste en est interminable. Cependant il ne partage pas leur avis, et il leur oppose douze raisons contraires, soutenues d'une phalange de docteurs non moins formidable. » [3]

D'Aguesseau sentait non moins vivement les inconvénients engendrés par les substitutions, et il écrivait ces remarquables paroles : « L'abrogation entière de tous les fidéi-

1. Montesquieu, *Esprit des lois*, l. V, ch. 9.
2. Coquille, *Sur Nivernais*, ch. 33, art. 10.
3. M. Troplong, *Traité des donations*, t. I, n° 87.

« commis serait peut-être la meilleure de toutes les lois; et « il pourrait y avoir des lois plus simples pour conserver « dans les grandes maisons ce qui suffirait à en soutenir « l'éclat. Mais j'ai peur que, pour y parvenir, surtout dans « les pays de droit écrit, il ne fallût commencer par réformer « les têtes, et ce serait l'entreprise d'une tête qui aurait elle-« même besoin de réforme. C'est, en vérité, un grand mal-« heur qu'il faille que la vanité des hommes domine sur les « lois mêmes. »[1]

Les substitutions ont donc surtout été abolies, parce qu'elles apportaient un obstacle sensible au développement de la richesse et du crédit publics. « Elles retranchaient de la circulation des valeurs considérables; elles tenaient le sol dans une inertie fatale; elles enlevaient au crédit un gage immobilier des plus importants. On ne saurait dire à quel point la propriété a gagné à être soulagée de cette oppression; combien l'agriculture en a retiré de bienfaits, combien le commerce y a trouvé son compte. »[2]

Ajoutons à ces considérations une dernière qui a son importance. Le grevé de substitution, qui n'avait, au fond, qu'un droit de jouissance, était pressé de jouir; il était nécessairement l'ennemi des améliorations qui imposent des sacrifices et dont la rémunération ne comporte qu'une échéance lointaine et quelquefois incertaine.

Les principes de notre économie politique moderne ne pouvaient tolérer dans notre droit civil l'existence d'une institution dont les résultats sont aussi désastreux pour le crédit public et pour le développement de la production et de la richesse nationales.

Cependant, M. Bertauld, dans un récent article publié

---

1. D'Aguesseau, Lettre 360, 24 juin 1730, au premier président du parlement d'Aix.

2. M. Troplong, *loc. cit.*, nº 86.

par la *Revue pratique de Droit français*[1], estime que ces raisons d'inconvénient n'ont été envisagées qu'à un point de vue tout à fait secondaire par le législateur de 1792 et par les rédacteurs du Code Napoléon. Il pense que le motif qui a dicté l'abolition des substitutions, et qui prime tous ceux que nous venons d'énumérer, est que la *liberté de tester d'un individu ne saurait emporter la privation de la même liberté pour tous ses successeurs indéfiniment.*

Cette considération ne nous paraît pas avoir l'importance que M. Bertauld y attache. Et d'abord, prise à la lettre, elle ne saurait s'appliquer qu'aux substitutions permises pour un nombre illimité de degrés. Or, ce ne sont évidemment pas les substitutions de cette nature que la loi de 1792 et le Code Napoléon avaient en vue de proscrire.

Nous verrons, en effet, que l'ordonnance d'Orléans du 31 janvier 1560 (art. 59) avait interdit les substitutions qui seraient faites *outre et plus avant deux degrés de substitution, après l'institution et première disposition, icelle non comprise;* nous verrons que l'ordonnance de Moulins de 1566 avait limité au quatrième degré les substitutions établies avant 1560; nous savons, enfin, que l'ordonnance de 1747 (art. 30) avait renouvelé celle de Moulins, en décidant que les substitutions ne pourraient s'étendre au delà de deux degrés, l'institution non comprise.

Il est vrai de reconnaître qu'en fait les substitutions se perpétuaient souvent indéfiniment par de nouvelles dispositions que les derniers substitués faisaient des mêmes biens. Mais alors y avait-il privation de la liberté de tester? Certes non, puisque, pour perpétuer la substitution, il fallait précisément que les successeurs du premier disposant missent cette faculté en exercice.

1. T. XII, p. 467.

Du reste, à tout autre point de vue, cette considération nous paraît avoir peu de solidité. Le droit de tester est inséparable du droit de propriété; il en est une condition essentielle, autant néanmoins que le droit de propriété est plein et entier : *jus fruendi, utendi et abutendi.* Mais en admettant l'existence d'une substitution perpétuelle, quels seraient donc les droits dont les divers substitués seraient privés et dont l'exercice leur serait interdit? Ils n'ont reçu qu'une propriété conditionnelle, ou plutôt une propriété restreinte, et ne sauraient, dès lors, se plaindre de la privation d'un droit qui n'a jamais existé pour eux.

Admettons qu'il y ait réellement privation d'un droit; cette privation ne peut-elle résulter d'une disposition tout autre qu'une substitution? N'y aurait-il pas aussi privation indéfinie, sinon du droit absolu de disposer, au moins du droit de disposer sous certaines modalités, dans la création de charges, de servitudes imposées à l'héritage par la volonté du testateur, charges qui, dans certains cas; peuvent rester éternelles?

Ce ne sont donc, à notre avis, que des raisons de droit public et d'économie sociale qui ont dicté la prohibition des substitutions. Les substitutions, en effet, se rattachent au droit public. Elles subissent dès lors le contre-coup des révolutions qui s'accomplissent dans les formes gouvernementales et dans les systèmes politiques du pays. « Aussi, « dit M. Demolombe, l'histoire des substitutions, dans le « demi-siècle qui vient de s'écouler, n'est-elle autre chose « que l'histoire même de nos changements de constitu- « tions! C'est assez dire, hélas! que la nomenclature en est « longue! » [1]

1. M. Demolombe, *Traité des donations*, t. 1, n° 62.

CHAPITRE PREMIER.

Aperçu historique.

Les substitutions fidéicommissaires ne tardèrent pas à se répandre dans toute la France. Les pays de droit écrit, soumis alors aux Burgondes et aux Visigoths, en laissèrent subsister l'institution au milieu des traditions romaines qu'ils conservaient.

Dans la suite le Nord suivit l'exemple que lui avait donné le Midi, et l'usage de cette disposition y prit place dans les mœurs, toutefois avec la différence que dans les pays de droit écrit on bornait les dévolutions à quatre générations, en appliquant la Novelle 159 de Justinien; au contraire, dans les pays coutumiers, il existait sur leur durée une grande diversité de sentiments. Tandis que certains auteurs les réputaient valables pour dix degrés, d'autres voulaient qu'elles ne pussent comprendre que la durée d'un siècle; enfin Cujas et Dumoulin enseignaient que la volonté du disposant était en cette matière la seule règle à suivre. Cette dernière opinion allait prévaloir, lorsque les ordonnances royales commencèrent à en limiter l'usage.

Néanmoins «en France on comptait dix coutumes, qui «formaient environ le cinquième de son territoire, où la «liberté de substituer avait été défendue, ou au moins res-«serrée dans des bornes très-étroites[1].» Ainsi la coutume du Bourbonnais interdisait les substitutions testamentaires: «Substitution d'héritier faite en testament ou autre disposi-«tion de dernière volonté, n'a lieu et ne vaut aucunement «audit pays, par légat, n'autrement, en quelque manière «que ce soit, et n'a aucun effet de légat.»[2]

1. M. Bigot Préameneu, au Corps législatif, séance du 2 floréal an XI.
2. Coutume du Bourbonnais, art. 324.

Celle de Sedan, celle d'Auvergne se prononcent de même, la première: «Art. 140. Institution d'héritier n'a lieu au «préjudice de l'héritier prochain, habile à succéder, ni «semblablement substitution, soit par testament ou autre «disposition testamentaire;» la seconde «Tit. XII, art. 53: «Substitution d'héritier faite en testament ou autre disposi-«tion de dernière volonté, n'a lieu et ne vaut aucunement «dudit pays, par légat, n'autrement, en quelque manière «que ce soit.»

La question peut être posée, de savoir si, sous l'empire de ces coutumes, l'institution ou la substitution valaient comme legs ou donation dans la limite de ce dont il était permis de disposer.

La coutume de Nivernais est plus explicite à ce sujet: «Art. 10, tit. 33: Institution ou substitution d'héritier par «testament, n'autrement n'ont point de lien, en manière «que nonobstant cesdites institutions ou substitutions, l'hé-«ritier habile à succéder héritera et sera saisi de la succes-«sion; en manière aussi qu'un testament est valable, posé «qu'il n'y ait institution d'héritier; et combien que ladite «institution ne vaille, ne sera pourtant vicié le testament «ès autres choses.»

D'autre part, certaines formalités étaient exigées: «En Bretagne les substitutions non revêtues de lettres patentes enregistrées au parlement, sont nulles pour les héritages de cette province; lors même que les successions dont ces héritages dépendent, sont ouvertes dans le ressort des coutumes qui permettent la substitution, et dans lesquels il y a des biens susceptibles de substitution.

«Cette nullité a pour but deux principes certains en Bretagne, savoir: la prohibition d'avantager, dans les immeubles de Bretagne, un des héritiers au préjudice de l'autre; et l'incapacité d'établir, par convention, dans les familles un ordre de succéder différent de celui qui est établi par la coutume. »[1]

Ricard nous dit que « les substitutions qui sont faites en Normandie dans le testament d'une personne qui a des enfants, sont de nul effet, et ne doivent être considérées dans cette coutume ; parce qu'encore que le fidéicommis n'y soit pas nommément interdit, il est néanmoins suffisamment exclu, en ce qu'elle prohibe les dispositions par testament en général, dont la substitution testamentaire fait partie. »[2]

L'on pourrait encore citer, comme défendant ou limitant les substitutions, les coutumes de la Marche[3], de Montargis[4], de Bassigny[5], de Hainaut[6]. Pour la plupart elles ne prohibaient que les substitutions testamentaires ; et comme elles défendaient les institutions d'héritier par testament, il était conséquent qu'elles n'admissent point les substitutions faites en cette forme.[7]

« Dans le reste de la France, les substitutions furent d'a-
« bord admises d'une manière aussi indéfinie que chez les
« Romains, qui n'avaient point mis de bornes à leur durée[8]. » Mais, dès le seizième siècle, le législateur, frappé des dangers que les substitutions présentaient pour le crédit public et privé, sentit la nécessité d'intervenir et de réprimer les fraudes et les abus scandaleux auxquels elles donnaient lieu. On voyait de grands seigneurs, après avoir mené une vie opulente aux dépens de créanciers trompés par l'apparence d'une propriété qui n'était que résolutoire, transmettre in-

---

1. Denizart.
2. Ricard, *Traité des substitutions*, n° 159.
3. Coutume de la Marche, art. 255.
4. Coutume de Montargis, tit. XIII, art. 1.
5. Coutume de Bassigny, tit. XIII, art. 163.
6. Coutume de Hainaut, ch. 34 et 35.
7. Voir *Répertoire de jurisprudence*, v° Substitution fidéicommissaire.
8. M. Bigot Préameneu, *loc. cit.*

définiment à une série de descendants, leurs fidèles imitateurs, un patrimoine inaccessible à tout passif pour l'éternité. La maxime : *Bona non intelliguntur, nisi deducto œre alieno*, n'était plus qu'un vain mot dans cette classe de privilégiés.

Ordonnance de 1553. — La première ordonnance destinée à réprimer ces abus fut donnée par Henri II, à Saint-Germain en Laye en 1553. Dans le but de prévenir le recel des testaments et les conséquences de leur clandestinité, elle se borne à prescrire, sous peine de déchéance, la publication, insinuation et enregistrement de tout acte contenant des substitutions, c'est-à-dire les mesures réclamées par la justice la plus rudimentaire; elle n'a que la prétention de mettre les créanciers et les tiers à l'abri des fraudes les plus scandaleuses; mais le mal est déjà si invétéré qu'elle n'est pas mise en pratique.

Ordonnance d'Orléans. — En 1560, l'ordonnance d'Orléans, rédigée par le chancelier de l'Hospital, fut rendue sur les justes remontrances des États pour s'opposer aux empiétements de tous ces ordres de succession différents de celui de la loi, établis à perpétuité par des propriétaires décédés depuis des siècles ; leur volonté, immuable comme la mort, annihilait celle des vivants, et réglementait législativement et à l'infini les biens qu'ils avaient laissés. L'ordonnance ne permit, pour l'avenir, que deux degrés de restitution, l'institution non comprise; mais la faveur, dont jouissaient alors les substitutions, provoqua de vives résistances. Tous les efforts de la jurisprudence tendirent à paralyser les effets de cette restriction, et bientôt, il fut admis qu'on ne devait compter que pour un degré toutes les substitutions faites en faveur des différentes personnes d'une même génération, de telle sorte que les enfants d'un grevé auraient pu être substitués à leur père, puis les uns aux autres, sans qu'il y eût là plus d'un degré de substitution.

D'un autre côté, comme l'ordonnance ne s'expliquait ni sur l'insinuation, ce qui perpétuait les abus de la clandestinité, ni sur les substitutions antérieures, on en concluait que ces substitutions ne se trouvaient en aucune façon restreintes par les dispositions de cette ordonnance.

Ordonnance de Moulins. — Six années après l'ordonnance d'Orléans, en 1566, celle de Moulins vint réparer cette omission; comme la précédente, elle est due au chancelier de l'Hospital. Les substitutions faites avant l'ordonnance d'Orléans furent limitées à quatre degrés, et tout acte entre-vifs ou de dernière volonté, contenant une substitution, dut être enregistré. Mais, moins sévère, ou, pour mieux dire, moins sage que l'ordonnance de Henri II, elle ne commandait l'accomplissement de cette formalité que sous peine de nullité, non de la disposition tout entière, mais de la substitution seulement.

C'était toujours avec regret que les parlements acceptaient les restrictions apportées au droit de substituer; aussi prétendirent-ils que l'ordonnance de Moulins était venue déroger à celle d'Orléans, et, en conséquence, ils permirent de faire les substitutions jusqu'à quatre degrés.

Ordonnances diverses. — On peut citer encore d'autres ordonnances : celle de janvier 1629, qui défendait aux personnes de la campagne de faire des substitutions, et qui ne fut guère exécutée que dans le ressort du parlement de Dijon; celles de novembre 1696, de février 1707, de janvier 1712, qui réglaient la procédure de l'enregistrement et de la publication des substitutions; enfin, l'ordonnance de 1735 sur les testaments et la faculté d'élire.

Ordonnance de 1747. — La fausse interprétation que les parlements donnaient à l'ordonnance de Moulins, c'est-à-dire leur prétention d'étendre à quatre degrés les substitutions postérieures à 1560, amena l'ordonnance de 1747, due à d'Aguesseau et que l'on peut regarder comme le Code des substitutions jusqu'en 1792. Elle fut donnée par Louis XV, au camp de la commanderie du Vieux Jonc, dans le mois d'août, et enregistrée au parlement de Paris le 27 mars suivant. « Loin de vouloir donner la moindre atteinte à la « liberté de faire des substitutions, disait le législateur de « 1747 dans son préambule, nous ne nous sommes proposé « que de les rendre plus utiles aux familles, et notre application « à prévenir toutes les interprétations arbitraires par « des règles fixes et uniformes, ne servira qu'à faire respecter « encore plus la volonté des donateurs et des testateurs. » On réglementait les substitutions, parce qu'elles étaient trop ancrées dans les mœurs aristocratiques pour que l'on pût les détruire.

Reproduisant l'article 59 de l'ordonnance d'Orléans, l'ordonnance de 1747[1] déclarait que toutes les substitutions faites, soit par contrat de mariage ou autres actes entre-vifs, soit par disposition à cause de mort, ne pouvaient s'étendre au delà de deux degrés, non compris le donataire, l'héritier institué, le légataire ou autre qui aurait recueilli les biens du donateur ou du testateur.

Elle est divisée en deux titres : l'un comprend 56 articles, l'autre 58.

Le titre Ier détermine tout ce qui concerne les substitutions fidéicommissaires considérées en elles-mêmes; les personnes qui peuvent substituer (art. 1er), les biens qui peuvent être substitués (art. 2, 8), le droit d'élire (art. 14),

1. Tit. I, art. 30.

les substitutions conjecturales (art. 19), l'effet de la caducité de l'institution (art. 26), le nombre des degrés de substitution qu'il limite à deux (art. 30), voulant que ces degrés soient désormais comptés par tête et non par souche ou génération, de telle sorte que chaque personne soit comptée pour un degré (art. 33), mais sans effet rétroactif dans les pays où l'usage était de compter les degrés par souche (art. 35), les droits des appelés (art. 39-41), ceux des créanciers et des tiers acquéreurs en cas de restitution anticipée (art. 42, 43), l'hypothèque ou le recours subsidiaire accordé à la femme sur les biens restitués (art. 44-55), les droits de reliefs ou autres droits seigneuriaux dans le cas où les biens féodaux seraient compris dans une substitution.

Le titre II détermine les obligations imposées aux grevés, soit pour assurer la consistance et l'emploi des effets substitués (art. 1-18), soit pour donner à la substitution la publicité nécessaire (art. 18 et suivants), soit pour l'expédition et le jugement des contestations qui s'élèveraient à ce sujet.

Cette ordonnance, monument le plus complet que nous ayons sur la matière, ne fut pas longtemps en vigueur. Les substitutions étaient trop intimement liées à l'existence de la noblesse et des classes privilégiées pour qu'elles pussent ne pas ressentir le contre-coup des événements qui atteignaient celle-ci. Dès le commencement de la Révolution, Mirabeau les avait attaquées devant l'Assemblée constituante; dans la séance du 25 août 1790, il réclamait leur abolition comme « *le seul moyen de porter la hache au pied de l'arbre,* « *dont on élague seulement quelques branches parasites, en* « *y laissant les racines voraces.* » Les substitutions étaient condamnées, elles disparurent; un décret du 25 août 1792 interdit pour l'avenir la faculté d'établir des substitutions, et quelques mois plus tard, un nouveau décret des 25 octobre et 14 novembre de la même année proclama l'abolition absolue et définitive des substitutions.

« Art. 1er. Toutes substitutions sont interdites et prohibées à l'avenir.

« Art. 2. Les substitutions faites avant la publication du présent décret, par quelques actes que ce soit, qui ne seront pas ouvertes à l'époque de ladite publication, sont et demeurent abolies et sans effet.

« Art. 3. Les substitutions ouvertes lors de la publication du présent décret n'auront d'effet qu'en faveur de ceux seulement qui auront alors recueilli les biens substitués ou le droit de les réclamer. »

Ces deux derniers articles ont soulevé quelques questions transitoires dont nous n'avons pas à nous occuper d'une manière spéciale. Nous nous bornerons à mentionner l'une d'elles.

L'article 2, en enlevant aux substitués l'expectative de recueillir les substitutions qui s'ouvriraient par la suite, avait un effet rétroactif. On a soutenu que cet article avait été abrogé, en cela, par l'article 12 de la loi du 3 vendémiaire an IV, portant que toutes les lois antérieures relatives aux divers modes de transmission des biens auront leur exécution, chacune, *à compter* du jour de sa publication. Il a été généralement reconnu que l'article 2 de la loi de 1792 avait dû être appliqué dans toute son étendue.

Telles étaient les dispositions qui régissaient la matière, lors de la promulgation du Code Napoléon.

Lorsque les rédacteurs du Code civil furent arrivés à régler l'usage de la faculté naturelle qui appartient à tout homme de disposer de ses biens, ils se trouvèrent en présence de la question de savoir s'il fallait faire revivre les substitutions, ou s'il fallait au contraire les maintenir sous le coup de la prohibition dont les avait frappées la loi de 1792. Ce dernier parti prévalut. Nous connaissons déjà les raisons qui ont déterminé la commission[1]; elles ont été parfaitement appréciées par M. Bigot Préameneu dans l'Exposé des motifs du titre *Des donations entre-vifs et des testaments.*

«Il était impossible, disait-il, de concilier avec l'intérêt général de la société, cette faculté d'établir un ordre de succession perpétuel et particulier à chaque famille, et en même temps un ordre particulier à chaque propriété qui était l'objet de substitutions. L'ordonnance d'Orléans de 1560 régla que celles qui seraient faites à l'avenir ne pourraient excéder deux degrés; mais ce remède n'a point fait cesser les maux qu'entraîne cette manière de disposer.

«L'expérience a prouvé que dans les familles opulentes cette institution, n'ayant pour but que d'enrichir l'un des membres en dépouillant les autres, était un germe toujours renaissant de discordes et de procès. Les parents nombreux qui étaient sacrifiés, et que le besoin pressait, n'avaient de ressource que dans les contestations qu'ils élevaient, soit sur l'interprétation de la volonté, soit sur la composition du patrimoine, soit sur la part qu'ils pouvaient distraire des biens substitués, soit enfin sur l'omission ou l'irrégularité des formes exigées.

«Chaque grevé de substitution, n'étant qu'un simple usufruitier, avait un intérêt contraire à celui de toute amélioration : ses efforts tendaient à multiplier et à anticiper les produits qu'il pourrait retirer des biens substitués au préjudice de ceux qui seraient appelés après lui, et qui chercheraient à leur tour une indemnité dans de nouvelles dégradations.

---

1. Voir notre Introduction, p. 24.

« Une très-grande masse de propriétés se trouvait perpétuellement hors du commerce. Les lois qui avaient borné les substitutions à deux degrés, n'avaient point paré à cet inconvénient : celui qui, aux dépens de sa famille entière, avait joui de toutes les prérogatives attachées à un nom distingué et à un grand patrimoine, ne manquait pas de renouveler la même disposition; et si, par le droit, chacune d'elles était limitée à un certain temps, elles devenaient par le fait de leur renouvellement des substitutions perpétuelles.

« Ceux qui déjà étaient chargés des dépouilles de leur famille avaient la mauvaise foi d'abuser des substitutions pour dépouiller aussi leurs créanciers : une grande dépense faisait présumer de grandes richesses; le créancier qui n'était pas à portée de vérifier les titres de propriété de son débiteur, ou qui négligeait de faire cette perquisition, était victime de sa confiance; et dans les familles auxquelles les substitutions conservaient les plus grandes masses de fortune, chaque génération était le plus souvent marquée par une honteuse faillite.

« Les substitutions ne conservaient des biens dans une famille qu'en sacrifiant tous ses membres pour réserver à un seul l'éclat de la fortune; une pareille répartition ne pouvait être établie qu'en étouffant tous les sentiments de cette affection qui est la première base d'une juste transmission des biens entre parents. Il ne saurait y avoir un plus grand vice dans l'organisation d'une famille, que celui de tenir dans le néant tous ses membres pour donner à un seul une grande existence; de réduire ceux que la nature a faits égaux, à implorer le secours et la bienfaisance d'un patrimoine qui devrait être commun : et rarement l'opulence, surtout si son origine n'est pas pure, inspire des sentiments de bienfaisance et d'équité.

« Enfin, si les substitutions peuvent être mises au nombre des institutions politiques, on y supplée d'une manière suffisante et propre à prévenir les abus, en donnant pour disposer toute la liberté compatible avec les devoirs de famille.

« Ce sont tous ces motifs qui ont déterminé à confirmer l'abolition des substitutions déjà prononcée par la loi d'octobre 1792. »[1]

En conséquence fut adopté l'article 896 :

« Les substitutions sont prohibées.

« Toute disposition par laquelle le donataire, l'héritier « institué ou le légataire sera chargé de conserver et de « rendre à un tiers, sera nulle, même à l'égard du dona« taire, de l'héritier institué ou du légataire. »

En posant le principe de cette nullité absolue, le législateur comprit combien était triste pour un aïeul, ou pour un oncle sans enfants, la perspective de voir dans l'avenir le sort de ses petits-fils ou de ses neveux compromis par la profession dangereuse, la mauvaise gestion ou l'inconduite de leur père. D'un autre côté, leur transmettre directement les biens, dont la loi permet de disposer, c'eût été un moyen extrême qui, en déshéritant irrévocablement le fils ou le frère, dont la prodigalité ou l'incapacité n'était peut-être point encore démontrée, aurait avantagé certains enfants au détriment de ceux qui n'auraient point encore été nés ou conçus au jour de la donation ou du décès du disposant; cet acte de prévoyance eût même été impossible en présence de l'article 906, si aucun enfant n'avait existé à cette époque. Une substitution était le seul moyen de concilier l'intérêt du fils et du frère avec celui de leurs enfants et d'arriver au but si louable qu'une sage et inquiète affec-

1. Locré, *Leg.* XI, p. 358 et suiv.

tion pouvait faire désirer au chef de famille. Tel est le motif de l'exception que l'article 897 faisait déjà pressentir et qui est contenue dans les articles 1048 et 1049.

Cette exception fut encore étendue par la loi du 17 mai 1826, dont l'article unique portait :

« Les biens dont il est permis de disposer, aux termes des « articles 913, 915 et 916 du Code civil, pourront être don-« nés en tout ou en partie, par acte entre-vifs ou testamen-« taire, avec la charge de les rendre à un ou plusieurs en-« fants du donataire nés ou à naître, jusqu'au deuxième « degré inclusivement. Seront observés pour l'exécution de « cette disposition, les articles 1051 et suivants du Code « civil et y compris l'article 1074. »

Comparée au Code, cette loi présentait trois différences : 1° Elle dispensait du lien de parenté entre le disposant et le grevé; 2° elle permettait une désignation personnelle, tandis que l'article 1050 appelait tous les enfants du grevé; 3° elle autorisait deux degrés de substitutions, et le Code ne permettait que les fidéicommis simples. C'était un retour à peu près complet à l'ordonnance de 1747 : la loi de 1826 exigeait seulement de plus que les appelés fussent des descendants du grevé. Elle fut abolie par l'article 8 de la loi des 17 janvier, 30 avril et 7 mai 1849, et la faculté de substituer se trouve ramenée sous l'empire des dispositions du Code civil.

L'institution des majorats, c'est-à-dire de substitutions perpétuelles formant la dotation d'un titre héréditaire, vint aussi apporter une dérogation au principe de l'article 896. Elle se trouve consacrée par le troisième alinéa de cet article et réglementée par les décrets des 1er mars, 24 juin 1808, 2 février, 3 mars 1809, par deux avis du conseil d'État du 8 juillet et du 5 août 1809, par les décrets des 3 mars 1810, 14 octobre 1811, 22 décembre 1812, 11 novembre 1813, par les ordonnances royales des 15 juillet, 8 octobre 1814, 25 août 1817, et par les lois des 5 décembre 1814, 12 mai 1835 et 7 mai 1849[1]. « L'objet de cette institution a été, non-« seulement d'entourer le trône de la splendeur qui convient « à sa dignité, mais encore de nourrir au cœur des sujets de « l'Empire une louable émulation, en perpétuant d'illustres « souvenirs, et en conservant aux âges futurs l'image toujours « présente des récompenses qui, sous un gouvernement « juste, suivent les grands services rendus à l'État. »[2]

CHAPITRE II.

Des caractères distinctifs des substitutions prohibées.

En présence de la disposition de la loi qui prohibe les substitutions, on sent combien il est intéressant de ne pas les confondre avec d'autres dispositions à titre gratuit, et d'en étudier les caractères constitutifs.

Le Droit romain distinguait trois espèces de substitutions *directes*, ainsi appelées, parce que le substitué recevait les biens de la main du testateur et sans l'entremise du premier institué : c'était la substitution *vulgaire*, la *pupillaire*, la *quasi-pupillaire* ou *exemplaire.*

La substitution *vulgaire* avait pour but de suppléer une institution préalable dans le cas où celle-ci demeurerait sans effet; c'était celle d'un second héritier pour le cas où le premier viendrait à manquer; en un mot, une institution conditionnelle. Les Romains attachaient une grande importance

1. Voir sur cette matière la *Collection des lois et décrets concernant les majorats,* par Rondonneau.

2. Préambule du second décret du 1er mars 1808.

à ne pas mourir *intestat* et pour assurer le sort de leur testament, ils avaient imaginé ces institutions subsidiaires dont le testateur pouvait à son gré prolonger la série. Leur utilité était grande, surtout au temps des proscriptions, et sous l'empire des lois Julia et Papia, pour prévenir les nombreuses causes de caducité qui menaçaient les dispositions testamentaires.

La substitution *vulgaire* pouvait être faite par tout testateur et pour tout institué; c'est de là qu'elle tirait son nom. Cette disposition « n'avait point pour objet de perpétuer l'héritage dans une famille du même nom, mais de trouver quelqu'un qui accepte l'héritage »[1], aussi le Code nous avertit par l'article 898 qu'une pareille disposition ne rentre pas dans celles prohibées par l'article 896 et qu'elle aura son plein et entier effet.

La substitution *pupillaire* avait lieu quand un père instituait, par son propre testament, son fils impubère pour héritier, en substituant une autre personne pour succéder à cet enfant, au cas où celui-ci mourrait avant de pouvoir tester. A l'imitation de cette disposition, le père de famille pouvait substituer un héritier à son enfant majeur, mais en démence : c'est ce qu'on appela substitution *quasi-pupillaire* ou *exemplaire*.

Il ne pouvait ètre question dans la prohibition des substitutions de ces deux hypothèses, le législateur français n'ayant accordé nulle part ni à qui que ce soit le droit de régler les dispositions testamentaires d'un autre.

Les substitutions prohibées par le Code sont celles qui formaient la branche si compliquée de l'ancienne législation appelée aujourd'hui *fidéicommissaires*, parce qu'elles n'étaient connues dans le Droit romain que sous le nom de

1. Montesquieu, *Esprit des lois*, l. XXIX, ch. 8.

fidéicommis. Ce qui le prouve, ce sont les exceptions faites à cette prohibition par le § 3 de l'article 896, par les articles 897 et 898, puisqu'il est constant que les dispositions auxquelles se réfèrent ces exceptions, sont de véritables substitutions.

En décidant que « toute disposition par laquelle le dona« taire, l'héritier institué, ou le légataire, sera chargé de « conserver et de rendre à un tiers, sera nulle », l'on s'est demandé si le législateur avait voulu donner une définition législative de la substitution prohibée, ou seulement retracer quelques-uns de ses caractères.

Les partisans de la première opinion se fondent sur le fait que, à la séance du 7 pluviôse an XI, M. Regnaud de Saint-Jean d'Angely a dit que « puisqu'on avait jugé convenable « de conserver les définitions, il était nécessaire d'*expliquer* « ce qu'on entend par substitution », et que M. Tronchet lui a répondu que « cette explication se trouvait dans l'article. »

Les adversaires de cette version ne voient pas dans cette simple observation échappée au milieu de la discussion la preuve de l'intention qu'aurait eue le conseil d'État de donner une définition dans l'article même. S'il en eût été ainsi, disent-ils, le Code eût fait ce qu'il avait accompli pour la donation, pour le testament[1]. Il est plutôt à croire qu'après avoir prohibé les substitutions dans le § 1er de l'article 896, le législateur ait voulu faire connaître dans le second alinéa les conséquences que pourrait avoir tout acte contraire aux prescriptions de la loi, et qui, nous le verrons, formaient une innovation aux modifications de 1792.

Nous définirons la substitution prohibée, *une disposition par laquelle en gratifiant quelqu'un, expressément ou tacitement, on le charge de conserver la chose donnée et de la*

---

1. Art. 894 et 895.

rendre, en cas de prédécès, à un tiers que l'on gratifie en second ordre et qui ne serait pas l'un des enfants du donataire au degré permis par la loi.

Cette définition renferme les différents caractères que la loi recherche dans un acte à titre gratuit pour le frapper de nullité et qui sont : 1° la coexistence de deux libéralités; 2° la charge de conserver et de rendre imposée au premier donataire, sous la condition de son prédécès; 3° le droit éventuel du second donataire, subordonné à sa survie et à sa propre capacité au moment du décès du premier.

Premier caractère. — Le premier caractère est la *coexistence de deux libéralités;* l'une principale, faite au profit du grevé, l'autre secondaire, faite au profit de l'appelé.

Par conséquent, pas de substitution dans la charge de conserver et de rendre imposée à titre onéreux.

Pas de substitution non plus dans ce que l'on appelait la *fiducie*. L'*héritier fiduciaire* est « la personne que le testateur « a chargée, en l'instituant héritière pour la forme, d'adminis- « trer la succession et de la tenir en dépôt jusqu'au moment « où il doit la remettre à l'héritier »[1]. Le fiduciaire n'est que simple administrateur, ne fait pas siens les fruits de l'hérédité et doit la rendre à l'époque réglée par la disposition. Il sera souvent difficile de distinguer la fiducie des autres charges renfermant substitution; c'est dans bien des cas à la prudence du juge de prononcer quelle a été l'intention du testateur. « Cependant, le grevé, dit Thévenot d'Essaule, est « héritier fiduciaire, quand il paraît que la restitution du « fidéicommis n'a été différée par le testateur, que pour l'a- « vantage du substitué, et non pour rendre le fidéicommis « conditionnel; de telle façon, que le testateur ait entendu

1. Merlin, *Répertoire de jurisprudence*, v° Héritier fiduciaire.

«confier l'administration au grevé dans l'intervalle, pour «ainsi dire à titre de tutelle.»[1]

D'un autre côté, il y aurait forte présomption de substitution, si le fiduciaire avait été autorisé à garder les fruits de l'hérédité et à ne la remettre qu'à son décès.[2]

«La disposition, disent MM. Aubry et Rau, doit renfermer deux donations ou legs des mêmes biens, et en pleine propriété, au profit de deux personnes appelées à les recueillir l'une après l'autre, de telle sorte que la propriété de ces biens doive, d'après l'intention du disposant, reposer successivement sur la tête de l'une et de l'autre de ces personnes...»[3]

L'appelé acquiert le domaine de la chose, non pas du grevé, mais de l'auteur même de la disposition, *capit a gravante, non a gravato;* mais il reçoit la possession des mains du grevé. Si donc le droit de celui-ci s'éteint par l'événement qui appelle le second donataire, le premier n'en a pas moins été propriétaire; son droit est seulement résolu *ut ex nunc;* il ne l'est *ab initio*.

C'est là une différence essentielle entre les substitutions et les legs conditionnels, ou, pour nous exprimer d'après le Code, «les dispositions testamentaires faites sous une condi«tion dépendant d'un événement incertain, et telles que, «dans l'intention du testateur, elles ne doivent être exécu«tées, qu'autant que l'événement arrivera ou n'arrivera pas.»[4] Il existe de très-grands rapports entre ces deux sortes de dispositions; néanmoins, il faut se garder de les confondre en tout point. Le legs conditionnel ne renferme, malgré la condition, qu'une *seule donation* ou libéralité. Les héritiers du disposant auxquels la chose fait retour, ou dans les mains

---

1. *Traité des substitutions*, par Thévenot d'Essaule, n° 541.
2. Rolland de Villargues, n° 154.
3. MM. Aubry et Rau, *Droit civil français*, t. VI, § 694, p. 11.
4. Art. 1040.

desquels elle repose, selon que la condition est résolutoire ou suspensive, ne peuvent être considérés eux-mêmes comme donataires ou légataires. Si la condition d'un legs vient à s'accomplir, la transmission qui s'était opérée *par interim* s'évanouissant par la force de l'*effet rétroactif*, est censée non avenue *ab initio*, et celui auquel en définitive reste la propriété, est censé la tenir du défunt *recta via*. Il n'y a donc qu'une seule transmission, tandis que dans la substitution l'on en rencontre deux[1]. Si les aliénations, les hypothèques et les servitudes provenant du fait du grevé doivent disparaître au moment de la substitution, ce n'est pas que les droits du grevé soient résolus *ab initio*, ainsi que pour le légataire, mais c'est que, son droit étant limité par une condition, il n'a pu transmettre plus de droits qu'il n'en avait lui-même.

La première libéralité peut être *expresse* ou *tacite* : *expresse*, lorsque l'on donne soit à un étranger, soit à l'héritier du sang au delà de la réserve légale, s'il est légitimaire; *tacite*, en n'ôtant pas aux héritiers ce que la loi permet de leur ôter.

Quelques auteurs, se fondant sur le texte de l'article 896, enseignent que la charge de conserver et de rendre imposée à un héritier *ab intestat*, ne constitue pas une substitution[2]. C'est là une erreur; la règle contenue dans la première partie de cet article est générale; le second alinéa ne la modifie en rien et ne signifie nullement que la substitution n'est défendue que dans les cas où elle est mise à la charge d'un héritier institué, d'un donataire ou d'un légataire; le législateur a voulu prohiber les dispositions que l'on nommait substitutions dans l'ancien Droit, c'est-à-dire les dispositions

1. M. Duranton, t. VIII, n° 79, et t. IX, n° 313. — Rolland de Villargues, n° 82.
2. M. Duranton, t. VIII, n° 67. — Rolland de Villargues, n° 145.

qui contiennent charge de conserver jusqu'à la mort pour transmettre alors à une personne désignée; or, voici ce que dit Pothier: «Nous pouvons aussi grever de substitution nos héritiers *ab intestat*, car nous sommes censés leur avoir laissé, et ils sont censés tenir de nous, tout ce que nous pouvons leur ôter, par les dispositions que les lois nous permettent de faire: *sciendum est autem, eorum fidei committere quem posse, ad quos aliquid perventurum est morte ejus, vel dum eis datur vel dum eis adimitur.*»[1]

Peu importe donc que la charge de conserver et de rendre soit imposée à un légataire ou à un héritier *ab intestat*, et les dangers que la loi a voulu prévenir existent dans le second cas, aussi bien que dans le premier.

La seconde libéralité, celle qui forme la substitution, est l'obligation de restituer la chose à un tiers, en cas de prédécès; elle doit contenir une donation quelconque.

Un droit d'usufruit, personnel de sa nature, ne peut faire la matière d'une substitution; s'il avait été légué successivement à deux personnes, chacune des deux libéralités aurait pour objet un droit distinct, et il n'y aurait pas substitution. Le testateur aurait dit: *Je lègue l'usufruit de mon domaine à Paul, et quand, par la mort de celui-ci, la pleine propriété se sera consolidée entre les mains de mon héritier, je charge ce dernier de délivrer à Pierre le même usufruit.* Il n'y aurait pas substitution, car le premier ne peut rendre à sa mort un droit qui s'éteint à ce moment *ipso jure;* il n'y aurait pas là deux libéralités successives du même usufruit, mais deux usufruits distincts l'un de l'autre, dont le premier est pur et simple, tandis que le second est légué à terme, *ex die certo.*[2]

---

1. Pothier, *Traité des substitutions*, sect. 4, art. 1, § 3.

2. M. Proudhon, *De l'usufruit*, II, 446 et suiv. Paris, 26 mars 1813. Sir., 13, 2, 360. Cass., 22 juillet 1835. Sir., 35, 1, 641.

C'est toujours par le même principe qu'il n'y a substitution qu'autant que les deux dispositions portent sur la même chose, que l'article 899 déclare qu'on peut toujours donner l'usufruit à l'un et la nue propriété à l'autre.

Même décision quand la libéralité a pour objet des choses fongibles, en sorte que le donataire ait la libre disposition de ces choses et soit chargé seulement d'en rendre d'autres de même nature, qualité et quotité.

Deuxième caractère. — Nous trouvons le deuxième caractère exigé pour qu'il y ait substitution dans *la charge de conserver et de rendre imposée au premier donataire, sous la condition de son prédécès.*

Mais d'abord, il est important d'examiner comment la charge de conserver et de rendre devra être formulée. Faudra-t-il qu'elle soit positivement exprimée dans l'acte, ou pourra-t-elle s'établir par conjectures?

« Le Droit romain accordait une grande faveur aux testaments, et voulait qu'on recherchât soigneusement la volonté du testateur, lors même qu'elle paraissait douteuse. Mais c'était surtout aux fidéicommis qu'il appliquait cette règle. Il abandonnait à la prudence des juges la question de savoir s'il existait un fidéicommis dans une disposition et jusqu'où il fallait l'étendre. Il leur permettait d'établir un fidéicommis sur des conjectures. Il en résulta que les interprètes, à force d'amonceler les conjectures et les présomptions, firent de la matière des substitutions fidéicommissaires un chaos et un labyrinthe inextricable. On les avait si fort étendues, qu'il y avait peu de dispositions où l'on ne trouvait quelque substitution conjecturale, c'était une source inépuisable de procès. »

« Le chancelier d'Aguesseau réprima cet abus intolérable, en annonçant, dans le préambule de l'ordonnance de 1747, que le vœu du législateur était de proscrire les substitutions conjecturales, afin de prévenir les interprétations arbitraires et d'obliger les donateurs et les testateurs à expliquer leurs volontés d'une manière plus expresse. . . . .

. . . .

« Après ce que nous venons de dire, il n'est pas difficile de démontrer que, sous l'empire du Code, ce n'est point par des conjectures qu'on peut établir qu'une disposition contient une substitution prohibée ; ce serait s'écarter également de l'esprit du Code et de celui de l'ancienne jurisprudence. On avait introduit l'usage des conjectures dans les substitutions pour favoriser et pour faire valoir la volonté du testateur ; aujourd'hui elles ne tendraient qu'à imaginer des moyens pour l'anéantir et pour empêcher de l'exécuter. »[1]

Il faut donc que la charge de rendre soit formellement imposée ou résulte nécessairement des termes de la disposition. Sans doute, il n'y a pas de termes sacramentels prescrits au disposant ; et quoique les mots *charge de conserver et de rendre* ne se rencontrent pas dans l'acte, il ne serait pas possible de soutenir que la disposition ainsi conçue : *J'institue Pierre mon héritier, et je veux qu'après sa mort les biens fassent retour à Paul* — ne présente pas tous les caractères constitutifs des substitutions prohibées ; mais il faut que la volonté du donateur ou du testateur d'obliger le donataire à conserver et à rendre ne soit pas douteuse.

Le simple conseil, la recommandation, la prière de conserver les biens et de les transmettre à un tiers n'emporteraient pas substitution.[2]

Il n'y a pas obligation de conserver, partant pas de substitution, lorsque le disposant permet à celui qu'il gratifie d'user à sa guise des biens donnés ou légués, sauf à re-

1. Toullier, t. V, n° 25.

2. MM. Aubry et Rau, *loc. cit.*, p. 15. Toullier, n° 27. — En sens contraire M. Duranton, t. VIII, 71.

mettre à sa mort *ce qu'il voudra* ou ce dont il n'aura pas disposé, à un tiers désigné.

Pourquoi à Rome et dans notre ancienne jurisprudence, le fidéicommis *de eo quod supererit* présentait-il les véritables caractères d'une substitution ? Pourquoi n'en est-il plus de même aujourd'hui ? C'est qu'à Rome et dans notre ancien Droit, une pareille disposition ne laissait pas au grevé la faculté de disposer librement des biens qui la composaient ; il ne pouvait aliéner qu'à titre onéreux ; encore ce pouvoir avait ses limites, qui devaient être tracées *boni viri arbitrio*. Justinien fixa même une quotité qu'il n'était pas permis d'entamer. Dans notre Droit actuel, au contraire, aucune de ces règles ne subsiste, puisqu'elles n'ont été reproduites nulle part et que le Droit romain est dépouillé de toute autorité législative; le gratifié a donc toute liberté d'aliéner les biens. On ne peut pas dire qu'il soit chargé de les conserver, et, par conséquent, cette disposition n'est pas prévue par l'article 896. Il y a seulement charge de rendre; cette obligation n'a rien d'illicite ni de contraire à l'ordre public; elle doit donc être exécutée pour ce dont le gratifié n'aura pas disposé. Ainsi en décidait la coutume de Bretagne bien avant la prohibition apportée par le Code, et alors qu'elle n'admettait pas les substitutions.[1]

Si le disposant avait interdit à celui qu'il gratifie toute aliénation à titre gratuit, soit entre-vifs, soit testamentaire, il ne faudrait pas voir là de substitution, car le grevé n'en conserverait pas moins la faculté d'absorber entièrement par ses aliénations les biens qu'il reçoit et, par conséquent, la charge de conserver fait ici défaut; la disposition serait valable.[2]

---

1. Colmar, 7 juillet 1819, jurisprudence de cette cour, 15, 161. Colmar, 6 février 1824. Sir., 25, 2, 107.

2. Rolland de Villargues, n° 266. — M. Duranton, VIII. 75.

Y a-t-il substitution prohibée dans le fidéicommis *de eo quod supererit*, quand la faculté d'aliéner les biens légués est donnée *en cas de besoin?* Les auteurs sont divisés sur cette question; les uns soutiennent l'affirmative et voient dans cette disposition une véritable restriction à la faculté d'aliéner[1]; d'autres professent l'opinion contraire et n'y trouvent qu'une condition purement *potestative*, déclarée nulle par la loi, mais qui ne nuit en rien à la disposition principale[2]. Nous pensons qu'il est facile de résoudre la difficulté par cette question : cette restriction est-elle laissée à l'arbitrage du grevé lui-même, ou doit-elle être abandonnée à la prudence du tribunal? Si le grevé est le seul juge de ses besoins, on sent qu'il sera toujours maître de ne rien laisser, et partant, que l'obligation de conserver est dépourvue de toute sanction, ce qui est exclusif de substitution. Il en serait autrement si l'on donnait au juge la mission de fixer dans quelles limites s'exercera le droit d'aliénation.

Quid juris, si le légataire a permission d'aliéner les biens qui forment l'objet de la disposition, à charge d'en restituer le prix à un tiers? Nous ne pensons pas qu'il y ait là une substitution. En effet, dans les termes de la disposition on ne trouve ni charge de conserver les biens, puisque l'aliénation est permise, ni obligation de conserver le prix, puisque aucun emploi n'est imposé au légataire[3]. Sous l'empire de l'ordonnance de 1747, c'était une condition indispensable à l'existence des substitutions d'effets mobiliers, que le disposant ait pris soin d'en ordonner l'emploi; comment serait-on plus facile aujourd'hui? Reconnaître à une

---

1. M. Grenier, nº 7*ter*.
2. MM. Aubry et Rau, *loc. cit.*, p. 20. — Rolland de Villargues, nº 267. — Merlin, *Questions de droit*, vº. Substitution fidéicommissaire, § 13.
3. Voir en sens contraire Zachariæ, § 693, note 23.

disposition le caractère de substitution, c'est en prononcer la nullité radicale.

Doit-on voir une substitution dans le cas où un donataire est chargé de restituer une chose autre que celle qu'il a reçue?

L'affirmative était soutenue par nos anciens auteurs appuyés de l'autorité des lois romaines. Cette décision ne nous paraît pas devoir être admise sous l'empire du Code. On comprend que nos anciens auteurs, favorables aux substitutions, leur aient facilement assimilé une disposition qui, bien que n'en présentant pas rigoureusement les caractères, s'en approchait néanmoins d'une façon très-sensible et concourait au même but. Mais aujourd'hui que cette assimilation entraînerait l'annulation de la disposition, elle n'est plus possible, parce qu'elle répugne au principe qui ne permet pas d'étendre par analogie les nullités d'un cas à un autre. Dans l'hypothèse qui nous occupe, il n'y a pas deux libéralités de la même chose, puisque le grevé en reçoit une et doit en rendre une autre.

Si une libéralité était faite sous la charge imposée au gratifié de prendre pour légataire universel un tiers désigné, il n'y aurait pas là substitution tombant sous l'application de l'article 896. Cette disposition est, en effet, plus étroite et plus large que la substitution : plus étroite, en ce sens qu'elle n'impose aucune obligation de conserver, puisqu'il suffit que le grevé transmette au tiers désigné sa succession telle qu'elle se composera au jour de son décès; plus large, puisque l'obligation porte non-seulement sur les biens compris dans la libéralité, mais sur l'universalité des biens du grevé. Il n'y a donc pas lieu d'annuler la disposition principale, mais seulement la charge qui la grève, comme contraire à la liberté de tester.

A l'obligation de conserver et à celle de rendre, on peut

rattacher une espèce assez curieuse, qui s'est présentée à la Cour de Nancy, sous la présidence de M. Troplong. Il s'agissait de savoir si un legs de libération contenu dans le testament du marquis de Custines renfermait une substitution prohibée. Voici quels étaient les termes du testament : « *Il « m'est dû par la maison de Pouilly* 61,000 *fr., que je lègue « à ma chère cousine, madame de Pouilly, ou à ses enfants « après la mort de ma fille* (la dame d'Absac) *au cas qu'elle « meure sans enfants.* » La condition s'était réalisée, et les héritiers de la dame d'Absac attaquaient cette disposition comme contenant une substitution prohibée. Mais la Cour de Nancy, par arrêt du 18 mars 1833, repoussa leur demande, par la raison que la clause sainement entendue léguait d'une part à Mme d'Absac une créance de 61,000 fr., à la baronne de Pouilly, d'autre part, la libération conditionnelle de cette dette, qu'ainsi il n'y avait pas deux libéralités de la même chose; que, d'ailleurs, aucune obligation de conserver n'était imposée à la dame d'Absac, qui ne recevait rien qu'une créance exigible, mais dont elle avait la libre disposition; qu'on ne trouvait pas non plus la charge de rendre, puisque l'arrivée de la condition éteignait de plein droit la dette de la maison de Pouilly.[1]

Troisième caractère. — Il faut enfin, pour qu'une disposition puisse être regardée comme contenant une substitution, que *le droit éventuel du second donataire soit subordonné à sa survie et à sa propre capacité au moment du décès du premier.* C'est là le caractère essentiel de la substitution.

Le législateur n'a pas prohibé les fidéicommis exprès, mais les substitutions fidéicommissaires. Le fidéicommis qui

1. L'arrêt est commenté et rapporté par M. Troplong dans son *Traité des donations et testaments,* t. I, § 152.

n'est soumis ni à un terme, ni à une condition, est valable; il en est de même du fidéicommis *à terme*, puisque dès que le moment est fixé pour la délivrance, le droit de propriété ne dépend plus du décès du grevé : *Cedit dies, sed nondum venit.*

Enfin le fidéicommis *conditionnel* suspend le droit de l'appelé jusqu'à l'événement de la condition; mais si cette condition ne dépend pas de la mort du premier donataire, il rentrera nécessairement dans les legs conditionnels prévus par l'article 1040 et sera valable.

Pour que le fidéicommis conditionnel soit compris dans la catégorie des dispositions prohibées par la loi, il faudra que la condition ou le terme incertain soit la mort du gratifié en première ligne.

Les auteurs, qui ont écrit depuis le Code, sont tous d'accord pour ne pas reconnaître de substitution si le fidéicommis doit s'ouvrir avant le décès du grevé.

Cette interprétation de l'article 896 devient évidente, si nous le rapprochons de ceux qui n'en sont que des exceptions.

En effet, l'article 897 dit : « Sont exceptées des deux pre- « miers paragraphes de l'article précédent les dispositions « permises aux pères et mères et aux frères et sœurs, au « chapitre VI du présent titre, » c'est-à-dire dans les articles 1048 et 1049, dispositions qui ne sont donc que des exceptions à l'article 896.

Or, nous lisons dans l'article 1048 que « les biens dont « les pères et mères ont la faculté de disposer, pourront être « par eux donnés... à un ou plusieurs de leurs enfants, avec « la charge de rendre ces biens aux enfants *nés et à naître*, « au premier degré seulement desdits donataires. » Mêmes expressions pour l'article 1049. Eh bien! est-ce que ces mots *enfants nés et à naître* ne prouvent pas clairement que la charge de rendre, dont il est parlé dans ces deux articles, est imposée pour l'époque du décès du grevé? Assurément si; car la restitution devant être faite à tous les enfants *nés et à naître* du grevé, ce n'est nécessairement qu'à la mort de celui-ci qu'on pourra connaître tous ses enfants. D'ailleurs, s'il pouvait rester quelque doute à ce sujet, il serait facile de le faire disparaître en citant ce que le premier consul disait au Conseil d'État dans la séance du 7 pluviôse an XI. C'est sur sa proposition que furent admises les substitutions en faveur des enfants des frères et sœurs. « Pour-« quoi, disait-il, l'oncle ne pourrait-il pas, comme le père, « pourvoir à ce qu'un neveu dissipateur n'enlevât pas sa « succession à sa famille? Les biens frappés de disposition « officieuse ne demeureraient pas longtemps hors du com-« merce, puisqu'ils y rentreraient après la mort du premier « héritier. »[1]

Mais s'il est démontré que les articles 1048 et 1049 doivent être entendus dans le sens que nous leur donnons, on doit nécessairement admettre aussi notre interprétation de l'article 896, car il nous paraît impossible de soutenir que les termes de l'article qui contient la régle générale, puissent s'interpréter autrement que ceux dans lesquels le législateur a posé les exceptions.

La rédaction de l'article 896 peut s'expliquer par l'habitude où l'on était dans l'ancienne jurisprudence d'entendre dans ce sens la charge indéterminée de rendre.

« Le grevé, dit Thévenot d'Essaule, est présumé n'avoir « été chargé de rendre *qu'à sa mort*, à moins qu'il n'y ait « dans la substitution quelque terme ou quelque circon-« stance qui indique le contraire. Tel est le sentiment du « barreau de Paris, auquel je me suis conformé....; d'où il

1. Fenet, t. XII, p. 265.

« suit que, dans notre usage, la condition de la mort du « grevé n'a pas besoin d'être annoncée ni expressément, ni « implicitement, car notre usage habituel étant de ne substi- « tuer que pour rendre pour le temps du décès du grevé, il « est juste de croire que le substituant l'a entendu de la « sorte, si le contraire n'est établi. »[1]

Au surplus en s'attachant à la lettre de l'article 896, on se mettrait en contradiction avec deux autres articles du Code, les articles 1040 et 1121. Il résulte, en effet, de ces deux articles qu'un donataire ou légataire peut être très-valablement chargé de conserver les biens dont on le gratifie, et de les rendre à un tiers désigné, quand ce n'est pas l'époque de son décès qui est fixée pour la restitution.

Aux termes de l'article 1040, un legs peut être fait sous condition suspensive; or, dans cette hypothèse, le débiteur du legs est tenu de conserver jusqu'à l'arrivée de la condition la chose qui fait l'objet du legs et de la remettre à cette époque au légataire.

L'article 1121 me permet également de donner mes biens *à Paul,* en lui imposant l'obligation de remettre *à Pierre,* lorsque celui-ci aura atteint sa majorité, une maison comprise dans ces biens.

Que devient alors la prohibition de l'article 896, si l'on s'obstine à entendre cet article dans un sens absolu? Voilà deux cas où nous voyons une disposition contenant la charge de *conserver et de rendre* permise par la loi et permise évidemment par cette raison que le gratifié est chargé de rendre à une autre époque que celle de son décès.

Les rédacteurs du Code ont voulu, nous le répétons, abolir les substitutions telles qu'elles étaient pratiquées en fait, c'est-à-dire s'ouvrant par la mort du grevé et créant,

---

1. Thévenot d'Essaule, n° 920.

pour emprunter les paroles de M. Bigot Préameneu, un nouvel ordre de succession en contradiction avec celui de la loi.

« Concluons donc qu'il n'y a de prohibé que les substitu-« tions faites dans l'ordre successoral, par lesquelles l'un se-« rait appelé à recueillir, après le décès de l'autre et sous la « condition de survie. »[1]

Le grevé sera propriétaire plus ou moins longtemps de la chose qu'il a reçue, qu'il doit conserver et rendre plus tard en cas de prédécès. C'est cet intervalle de temps entre l'effet de la première disposition et l'effet de la seconde que les commentateurs ont appelé *le trait de temps*, *tractus temporis*.

Les deux gratifiés, le grevé et l'appelé, ne peuvent être propriétaires de la chose transmise ni simultanément, ni conjointement, mais seulement l'un après l'autre; aussi les auteurs ont-ils dit qu'il existait entre eux un *ordre successif, ordo successivus*.

Nous avons vu que tous les auteurs sont d'accord pour reconnaître qu'il n'y a pas de substitution, lorsque l'époque fixée pour la remise des biens ne dépend pas du décès du grevé. Il en est de même pour la jurisprudence; un grand nombre d'arrêts en témoignent. La Cour de Colmar, entre autres, a décidé, le 8 août 1819, qu'il en était ainsi dans la disposition par laquelle une femme, en instituant son mari héritier, ordonnait *qu'il serait tenu, en cas de secondes noces, de rendre la moitié de ce dont il était institué pour être distribué aux pauvres*. On avait prétendu que cette disposition renfermait une substitution prohibée. Mais par l'arrêt cité : « La Cour, attendu que si le Code prohibe les sub-« stitutions, il permet les dispositions conditionnelles; que « la substitution n'existe que lorsqu'il résulte des disposi-« tions qui l'établissent, un *ordre successif*, suivant lequel

---

1. M. Proudhon, *De l'usufruit*, n° 443.

«l'appelé doit recueillir l'objet de la substitution *après le* «*décès du grevé;* qu'il ne peut surtout y avoir substitution, «lorsque la condition de laquelle on prétend la faire résul- «ter, ne pouvant arriver que par le fait *et du vivant du* «*grevé*, elle prend le caractère d'une *condition résolutoire*, «dont l'événement effacerait le *trait de temps*, et aurait «pour effet de résoudre la libéralité, tout de même que si «elle n'avait pas été faite; que la condition dont il s'agit, «imposée à l'institué de ne pas se marier, à peine d'être «privé de l'institution pour moitié, qu'elle est donc résolu- «toire de sa nature, et conséquemment exclusive de toute «idée de substitution, qui suppose au contraire l'exécution «successive de deux libéralités au profit de deux individus, «lesquels recueillent et conservent, mais l'un après l'autre, «le bénéfice; au lieu que, dans le cas de la résolution, le «second appelé prend la place du premier, pour lequel la «libéralité est censée n'avoir jamais existé; infirme.»[1]

Il n'y a pas non plus substitution dans le don de la nue propriété que les appelés ne pourront réclamer de l'institué qu'au fur et à mesure de leur majorité.[2]

La mort du grevé apposée comme terme au legs ou à la donation, emporte condition, car il est incertain si elle arrivera du vivant de l'appelé. Il n'est même pas nécessaire, pour qu'il y ait éventualité de la survie de ce dernier, que le terme de la restitution ait été littéralement exprimé; ainsi, la condition à laquelle celle-ci est subordonnée, peut être telle qu'elle ne puisse être vérifiée qu'après la mort du grevé : c'est ce qui se présentera toutes les fois qu'elle consiste en un fait négatif de la part du grevé.[3]

---

1. Sir., 20, 2, 34.
2. Colmar, 25 août 1825. Sir., 26, 2, 45.
3. Rolland de Villargues, n° 72. Toullier, t. VI, n° 621. Cour de Nîmes, 8 août 1812.

La condition de la survie du substitué, pour être accompagnée d'autres conditions, n'en produirait pas moins tous ses effets; par exemple, si le testateur avait dit : « *J'institue Primus mon légataire universel, et, s'il meurt sans enfants, je le charge de rendre ma succession à Secundus.* Outre l'éventualité du prédécès de Primus, il y a encore la condition qu'il décède sans enfants. En prohibant les substitutions, l'article 896 n'a point distingué entre celles qui sont faites purement et simplement et celles qui sont faites sous condition.[1]

Du principe que pour qu'il y ait *ordo successivus,* le grevé doit être chargé de rendre à une personne gratifiée en second ordre, il suit que la donation avec *clause de retour* est permise et qu'elle ne peut constituer une substitution, bien qu'elle entraîne pour le donataire la charge de conserver et de rendre à sa mort. En effet, l'un des caractères essentiels de la substitution manque ici, car nous ne rencontrons pas deux libéralités successives, mais seulement une donation résoluble par l'événement d'une condition, laquelle condition est le prédécès du donataire.

Mais « on doit considérer comme renfermant une substi- « tution la disposition à l'occasion de laquelle le donateur « ou testateur a stipulé le droit de retour, non point à son « profit personnel, mais au profit seulement de ses héritiers « ou d'un tiers, pour le cas où le donataire ou le légataire « décéderait sans postérité, et même la disposition qui serait « ainsi conçue : *Je lègue mes biens à Paul, mais, s'il meurt « sans enfants, j'entends que le legs soit sans effet*[2]. » Nous trouvons dans cette disposition le concours de la charge imposée au grevé de conserver et de celle de rendre à sa

---

1. MM. Aubry et Rau, *loc. cit.,* p. 23. Coin-Delisle, n°s 10 et suiv. Troplong, I, 157 à 161.

2. MM. Aubry et Rau, *loc. cit.,* p. 23.

mort à un gratifié en second ordre. Ce n'est même que par un étrange abus des termes qu'on pourrait appliquer ici le nom de *droit de retour*, puisque, d'après la stipulation, les biens ne devraient pas retourner à leur point de départ, c'est-à-dire au donateur, mais aller vers un nouveau propriétaire. La donation avec clause de retour, stipulée en faveur des héritiers du donateur ou d'un tiers, est donc, sous d'autres termes, une substitution prohibée par l'article 896.

Un arrêt de la Cour de cassation, du 22 juin 1812, sanctionne cette doctrine et relate que Louise Blayac « fit donation entre-vifs à Antoine Royère d'une pièce de terre; que « seulement elle en réserva la jouissance pour elle et pour « son mari jusqu'à leur décès; et que néanmoins elle imposa « pour condition que, dans le cas où Antoine Royère, donataire, viendrait à décéder sans enfants, la pièce de terre « appartiendrait en propriété à François Blayac, son donataire universel;

« Qu'il est évident que cette dernière clause contient une « véritable substitution fidéicommissaire, puisqu'elle impose « au donataire la charge de conserver à un tiers, pour le « cas où il décéderait sans enfants, puisqu'elle impose dans « le même cas, aux héritiers du donataire, la charge de « rendre à un tiers, puisque enfin il y a un tiers qui est « appelé à recueillir après un donataire qui est grevé de « rendre à ce tiers. »[1]

La doctrine et la jurisprudence sont donc d'accord sur ce point; mais elles diffèrent lorsque le donateur a stipulé le droit de retour *pour lui ou ses héritiers*. La stipulation conçue en ces termes constitue, selon les auteurs, une substitution, et, par conséquent, entraîne la nullité de la

1. Sir., 13, 1, 24.

disposition principale. Au contraire, la jurisprudence ne voit là qu'une condition illicite qui tomberait sous le coup de l'application de l'article 900.[1]

CHAPITRE III.

De l'interprétation des actes impugnés comme renfermant une substitution.

Il est impossible de prévoir toutes les hypothèses dans lesquelles on peut être amené à se demander si une disposition renferme ou non une substitution prohibée; même restreint aux espèces qui se sont présentées, cet examen excéderait de beaucoup les bornes de ce travail. Il vaut mieux poser quelques règles qui doivent guider le jurisconsulte dans l'appréciation de ces questions souvent fort délicates.

Le principe fondamental est celui-ci : *Quand une disposition, bien qu'ayant l'apparence d'une substitution, peut être entendue autrement, il faut adopter cette seconde interprétation.*

Ceci n'est que l'application du principe plus général : *Actus intelligendi sunt potius ut valeant, quam ut pereant,* principe qui a dicté l'article 1157, ainsi conçu : « Lorsqu'une « clause est susceptible de deux sens, on doit plutôt l'en- « tendre dans celui avec lequel elle peut avoir quelque effet, « que dans le sens avec lequel elle n'en pourrait produire « aucun. »

La double sévérité de la loi qui annule non-seulement la clause contenant la substitution, mais encore la libéralité

---

1. Cassat., 3 juin 1825. Bordeaux, 5 mars 1824. Bordeaux, 25 juin 1825. Rej., 8 juin 1836.

principale, rend l'application de ce principe doublement utile et incontestable en cette matière.

Dans notre ancien droit, les substitutions étaient permises et même favorables, comme nous le savons ; ainsi, par analogie, on leur avait assimilé certaines dispositions qui n'en présentaient pas tous les caractères ; il n'en saurait être de même aujourd'hui qu'une pareille assimilation frapperait d'impuissance la disposition qui en serait l'objet.

A moins que l'on ne se trouve dans les cas exceptionnels de substitutions permises, il n'y a donc plus de ces substitutions *compendieuses* (*compendium*, abrégé), qui, pouvant s'adapter indifféremment à la substitution soit vulgaire, soit fidéicommissaire, valaient autrefois, selon les circonstances, tantôt comme l'une, tantôt comme l'autre. On doit regarder comme ne contenant qu'une substitution vulgaire la clause suivante dans un testament : *J'institue Pierre, et en cas de décès ou après sa mort, je mets Paul à sa place*[1]. Mais une pareille clause insérée dans une donation entre-vifs en entraînerait fatalement la nullité ; car la donation, qui ne peut valoir que par l'acceptation du donataire, est exclusive de toute substitution vulgaire.

Dans l'ancienne jurisprudence, on considérait comme ayant la force d'établir une substitution, l'emploi de termes précatifs, comme : *je désire, je prie,* etc. ; il n'en est plus de même aujourd'hui ; la disposition, si elle n'est pas conçue en termes dispositifs, n'est, en réalité, qu'un simple conseil ou précepte nu.

Il n'était pas besoin non plus d'exprimer que la restitution aurait lieu à la mort du grevé, cette condition, ainsi que nous l'avons vu, étant passée dans l'usage de façon qu'on la suppléait, si rien dans les termes ne s'y opposait. Ainsi,

---

1. Rolland de Villargues, nos 236 et suiv. M. Duranton, t. VIII, 42.

les mots : *J'institue Pierre et je lui substitue Jean,* étaient regardés comme reculant la restitution au décès de Pierre. Aujourd'hui il faudrait décider, au contraire, que la restitution doit être immédiate, de sorte qu'il y aurait, non pas la substitution fidéicommissaire prohibée, mais la substitution vulgaire autorisée par l'article 898. Toutefois, si l'on se trouvait dans l'une des hypothèses où les substitutions sont permises, on pourrait encore interpréter les expressions indéterminées *à la charge de rendre*, dans le sens de la charge de rendre *à la mort du grevé.*

Le principe généralement admis que, dans le cas où les termes d'une disposition sont susceptibles de deux interprétations, l'une concluant à l'existence d'une substitution prohibée, l'autre concluant, au contraire, à la validité de la disposition, on doit de préférence adopter cette dernière, conduit à la règle que MM. Aubry et Rau ont formulée de la manière suivante : « Lorsque la condition à laquelle se trouve « subordonné un legs principal, accompagné, pour le cas où « elle ne s'accomplirait pas, d'un legs subsidiaire, est sus- « ceptible de s'interpréter comme devant se vérifier, soit au « décès du testateur, soit à celui du légataire principal, on « doit voir dans la disposition plutôt un legs conditionnel « avec substitution vulgaire qu'une substitution fidéicom- « missaire. » [1]

Ce procédé d'interprétation est fréquemment appliqué par la jurisprudence. Néanmoins, l'ambiguïté même des dispositions impugnées ne laisse pas que de soulever quelquefois de sérieuses difficultés.

De simples conjectures ne sauraient suffire aujourd'hui pour établir à elles seules la disposition, si la volonté du testateur n'était d'ailleurs exprimée ni avec précision, ni

1. MM. Aubry et Rau, *loc. cit.*, p. 27.

avec clarté. MM. Aubry et Rau prennent pour exemple une disposition conçue à peu près ainsi : *Je lègue mon domaine à Primus, et si Primus ne se marie pas, je lui substitue Secundus.*

M. Demolombe, en raisonnant sur une disposition identique, s'exprime en ces termes : « Si nous entendons cette « clause en ce sens que le testateur a eu en vue le cas où « Primus ne se marierait pas, non-seulement de son vivant « à lui, testateur, mais même après son décès, voilà une « substitution fidéicommissaire prohibée! Au contraire, il « n'y aura qu'une substitution vulgaire permise, si nous « l'entendons en ce sens que le testateur n'a eu en vue que « le cas où Primus ne se marierait pas avant l'ouverture du « legs, c'est-à-dire du vivant du testateur. » Cet auteur ajoute, du reste, et cela d'une manière peut-être trop absolue, que, dans ce cas, la volonté de substituer n'étant pas exprimée d'une manière assez certaine, les circonstances de fait, et spécialement celle résultant de l'âge comparé du testateur et de Primus, ne sauraient suffire pour faire considérer la disposition comme substitution prohibée.[1]

Nous ne saurions, quant à nous, que nous rallier à la règle d'interprétation ci-dessus énoncée, mais nous ajouterons cependant le tempérament suivant : *Lorsque le testateur a expressément ou implicitement énoncé ou mentionné la charge de conserver et de rendre qui serait imposée au légataire principal, on ne peut plus admettre que dans son intention la condition devait se vérifier au décès du testateur, mais la disposition doit être entendue en ce sens, que dans l'intention du testateur la condition devait se vérifier au décès du légataire principal.*

Cette proposition nous paraît incontestable. Comment, en

1. M. Demolombe, n° 162.

effet, supposer que le testateur n'a entendu disposer que pour le cas où la condition s'accomplirait de son vivant, quand la disposition même laisse entendre que le légataire principal devra appréhender les biens légués! Reprenons l'exemple que nous venons de citer, mais en le modifiant : *Je lègue mes biens à Primus, et si Primus ne se marie pas, je veux, qu'après lui, mes biens adviennent à Secundus.* Il nous paraît ici évident que le testateur avait en vue, non pas le cas où Primus ne serait pas marié à l'ouverture du legs, mais le cas où Primus ne se marierait jamais et décéderait célibataire.

Nous ne prétendons pas, sans doute, fixer à cet égard une règle invariable et soutenir que l'emploi de telle ou telle locution implique nécessairement l'intention du testateur de reporter au décès du légataire la vérification de la condition.

Nous croyons néanmoins, qu'en fait, une disposition conçue à peu près dans les termes ci-dessus a été mal appréciée dans des débats assez intéressants, pour qu'il nous soit permis d'en reproduire un rapide exposé.

Une testatrice avait disposé d'un immeuble au profit d'un légataire particulier et ajoutait : *dans le cas où il ne se marierait pas et, par conséquent, où il n'aurait pas d'enfants, je veux que cette propriété, après lui, aille à ma petite-fille.*

Depuis ce testament, et avant le décès de la testatrice, le légataire s'était marié et avait eu des enfants. La condition s'était donc trouvée accomplie d'avance, et au décès de la testatrice, le légataire forma contre le légataire universel une demande en délivrance de legs. On répondit à cette demande en lui opposant la nullité de la disposition comme entachée de substitution.

La Cour d'Amiens, appelée à se prononcer sur la validité de la disposition, admit la validité de la disposition par un arrêt du 6 avril 1854, où l'on trouve les considérants suivants : « .... que la testatrice n'a point dit, ni même indiqué, « sous une forme implicite, que la vérification de l'exécution « de la condition serait ajournée à l'époque du décès du lé- « gataire ; qu'on prétend en vain tirer cette conclusion de ce « qu'elle a ordonné que la propriété irait, *après lui*, au lé- « gataire universel ; que, dans la pensée de la testatrice, la « condition pouvant valablement s'accomplir avant comme « après son décès, elle ne devait ordonner la transmission « des biens que quand il serait devenu certain, par le décès « du légataire, que la condition était restée inexécutée ; qu'en « ne déterminant pas l'époque à laquelle la condition devait « s'accomplir, elle a laissé aux faits leur cours naturel, et « qu'ainsi, par la survenance de ceux auxquels la condition « était attachée, elle s'est trouvée accomplie ; — que le tes- « tament, au moment de sa confection, présentait tout à la « fois l'éventualité d'un legs conditionnel, et celle d'une sub- « stitution fidéicommissaire ; que le décès de la testatrice « ayant trouvé la condition exécutée, a saisi le légataire d'un « droit complet et a fait évanouir l'éventualité d'une substi- « tution fidéicommissaire. »[1]

La Cour d'Amiens a donc jugé que l'emploi de l'expression *après lui* ne saurait à lui seul faire admettre l'intention du testateur de reporter au décès du légataire la vérification de l'exécution de la condition. C'est là une question de fait qu'il ne nous appartient pas de discuter. Il nous paraît néanmoins que le système de l'arrêt renferme quelques hésitations et même quelques contradictions. Autre chose est, en effet, de décider que le testateur n'a entendu prévoir qu'une hypothèse, celle où la condition serait ou ne serait pas accomplie à son décès, ou bien d'admettre, comme le fait la Cour d'Amiens, que la disposition dont s'agit renferme

1. Sir., 54, 2, 315.

à la fois l'éventualité d'un legs conditionnel, et l'éventualité d'une substitution. Que le vice d'une disposition qui renferme une substitution prohibée, mais éventuelle, soit purgé par cela seul que la condition s'est accomplie avant que la contestation fût née, c'est là certainement une théorie excessive et qui ne nous paraît pas admissible. Nous croyons que la disposition doit être considérée en elle-même au moment de sa confection, et nous n'admettons pas que, viciée dans son origine, un fait postérieur, soit l'événement d'une condition, puisse la valider.

Quoi qu'il en soit, l'arrêt de la Cour d'Amiens a été déféré à la Cour de cassation. On disait dans l'intérêt du pourvoi : Peu importe que la substitution soit éventuelle et que par l'effet des circonstances la charge de conserver et de rendre soit sans effet. Par cela seul que la charge de conserver et de rendre a été attachée, quoique éventuellement, à la disposition, la disposition n'en était pas moins nulle *ab initio* et ne pouvait devenir valable par l'accomplissement de la condition.

M. Coin-Delisle, dans une consultation délibérée pour l'affaire actuelle, s'était prononcé pour la nullité radicale de la disposition. « La substitution, disait ce jurisconsulte, ayant « été une fois exprimée dans un testament, annule l'institu- « tion, aux termes de l'article 896; elle n'attend pas pour « l'annuler que le testament vienne à s'ouvrir; elle fait de « l'institution ou disposition principale une disposition nulle « *ab initio;* et c'est pour les testaments qu'a été écrite la « règle catonienne : *Quod nullum est ab initio, non tractu « temporis convalescere potest.* Pourquoi? parce que les tes- « taments ne dérogent pas au droit public et ne peuvent, « par conséquent, subsister qu'autant qu'ils sont conformes « au droit public; la prohibition d'affecter une disposition « de substitution fidéicommissaire est elle-même de droit

« public et annule la disposition principale dès l'instant qu'elle « est écrite : c'est ce que porte textuellement l'article 896 du « Code Napoléon. » Telle est aussi l'opinion de Marcadé[1], qui enseigne que par cela seul qu'une substitution prohibée est écrite dans la donation, celle-ci est nulle en se formant.

La Cour de cassation, par arrêt du 26 février 1855, a néanmoins rejeté le pourvoi formé contre l'arrêt d'Amiens. Cet arrêt établit les véritables principes de droit applicables à l'espèce et qui sont les suivants : L'éventualité à elle seule ne fait pas disparaître le vice de la disposition, mais quand il est établi que l'intention du disposant était que l'on se reportât à son décès pour vérifier l'accomplissement ou le non-accomplissement de la condition, il n'existe plus de substitution fidéicommissaire même éventuelle, mais simplement un legs principal et une substitution vulgaire.

Voici, du reste, dans quels termes est conçu cet arrêt :

« Attendu qu'une disposition testamentaire qui renferme une substitution fidéicommissaire est nulle, alors même que la charge de rendre, imposée à l'héritier ou légataire, est soumise à une condition qui la rend éventuelle, et encore bien que des faits survenus après le décès du testateur fassent défaillir la condition et détruisent ainsi toute éventualité de substitution ; — mais attendu qu'il en est autrement lorsque les faits qui font évanouir la charge de rendre se sont accomplis avant le décès du testateur, et par conséquent avant qu'aucun droit eût été ouvert au profit de l'héritier ou légataire ; — attendu que, dans ce dernier cas, la conviction qui pourrait donner naissance à la substitution était devenue d'une réalisation impossible avant l'ouverture des droits créés par le testament, la clause qui renfermait cette condition est devenue elle-même improductive d'effet et doit

1. Marcadé, *Droit civil*, art. 896, n° 5.

être censée non écrite; par suite de quoi l'héritier ou légataire se trouve saisi, par le décès du testateur, d'une propriété non grevée de la charge de rendre; — attendu que la Cour impériale qui a rendu l'arrêt attaqué a déclaré, par interprétation du testament, que la volonté de la testatrice avait été que l'on se reportât à l'époque de son décès pour vérifier si la condition du mariage de son légataire était ou non accomplie; — attendu que, s'étant trouvé marié à cette époque, il a été saisi, comme l'a dit l'arrêt attaqué, d'un droit complet de légataire; qu'en le décidant ainsi, l'arrêt attaqué n'a pas violé l'article 896 du Code Napoléon, qui était inapplicable aux faits de la cause;

« Rejette, etc. » [1]

Le droit d'accroissement entre colégataires est une sorte de substitution vulgaire; mais si j'avais substitué expressément mes colégataires entre eux pour le cas où l'un mourrait avant l'autre, on devrait plutôt admettre que j'aie voulu, par excès de précaution, insérer une clause superflue et inutile, purement confirmative de la loi, que supposer que j'aie voulu parler du cas où cette mort arriverait après l'ouverture de ma succession; pourvu d'ailleurs que les termes du testament ne s'opposassent pas à ce que l'on puisse supposer que le testateur ait eu en vue l'hypothèse où l'un ou plusieurs de ses légataires décéderaient de son vivant. [2]

Lorsque les termes d'une disposition faite au profit de plusieurs personnes appelées successivement, laissent quelque doute sur le point de savoir si la pleine propriété a été donnée aux légataires ou si l'usufruit a été donné à l'un, la nue propriété à l'autre, on doit de préférence adopter cette dernière interprétation. [3]

1. Sir., 55, 1, 182.

2. MM. Aubry et Rau, *loc. cit.*, p. 27. Rolland de Villargues, n° 258. Rej., 26 juillet 1808. Sir., 8, 1, 382.

3. MM. Aubry et Rau, *loc. cit.*, p. 28. Toullier, V, 43.

On n'hésiterait pas non plus à choisir entre le sens qui grève le premier gratifié de rendre tout ce qu'il a reçu et celui qui ne comporterait que la restitution *de eo quod superit*. Et en général on doit faire profiter les donataires ou légataires du vague que les expressions employées et les circonstances laissent peser sur l'obligation de conserver.

On conçoit enfin que la règle qui nous occupe donnera souvent lieu à des appréciations qui devront être abandonnées à la sagesse des tribunaux. « Toute question de substitution se réduit en dernière analyse à savoir si, dans « l'espèce qui se présente, la disposition réunit ou non les « caractères constitutifs d'une substitution prohibée. Or, « sous ce rapport, la question peut être de droit aussi bien « que de fait ou de volonté. »[1]

Quand la question de savoir si une disposition, dont le sens est déterminé, présente le caractère d'une substitution est portée devant un tribunal, sa décision étant rendue sur un point de droit peut toujours être déférée à la Cour de cassation. Au contraire, échapperait à la censure de la Cour suprême la décision par laquelle le juge aurait interprété la portée d'une disposition obscure ou équivoque.[2]

CHAPITRE IV.

De la nullité des dispositions qui renferment une substitution.

L'article 896 du Code Napoléon est ainsi conçu : « Les « substitutions sont prohibées. — Toute disposition par la- « quelle le donataire, l'héritier institué ou le légataire sera « chargé de conserver et de rendre à un tiers, sera nulle,

1. Rolland de Villargues, n° 98.
2. MM. Aubry et Rau, p. 29.

« même à l'égard du donataire, de l'héritier institué ou du « légataire. »

Nous aurons à examiner successivement quelle est l'étendue de la prohibition et de la nullité; quelles personnes peuvent demander la nullité de la substitution; quelle est la valeur de la clause pénale que le disposant aurait apposée à sa disposition; quels sont enfin les effets que la substitution, quoique nulle, peut néanmoins produire.

Il résulte de l'article 896 que la loi déclare nulle la disposition tout entière. En effet, la loi annule non-seulement la charge de conserver et de rendre, mais la disposition elle-même *à l'égard du donataire, de l'héritier institué ou du légataire.*

L'article 896 ne peut, en effet, recevoir une autre interprétation. Et cette interprétation est tout à la fois conforme à son texte et à son esprit. « En effet, disent MM. Aubry et « Rau, il existait pour le législateur de puissants motifs « d'annuler, avec la charge de conserver et de rendre, la « disposition en premier ordre à laquelle elle se trouve atta- « chée. En se bornant à annuler la charge de conserver et « de rendre, il se serait exposé au danger d'intervertir les « intentions du disposant, puisque dans le concours du grevé « avec le substitué, il est impossible de savoir quel est celui « des deux qu'il a entendu préférer. »[1]

On fait remarquer avec raison qu'à ce point de vue, l'article 896 déroge au principe général posé par l'article 900. D'après ce dernier texte, la condition illicite est réputée non écrite; ici, au contraire, elle vicie et annule la disposition tout entière. Cette différence s'explique, du reste, facilement. La substitution et la libéralité conditionnelle sont de natures toutes différentes.

---

1. MM. Aubry et Rau, *loc. cit.*, § 3, note 54.

Dans la substitution il n'y a pas, à vrai dire, de condition. Il y a deux dispositions intimement liées entre elles, et qu'on ne saurait décomposer sans intervertir la volonté du disposant.

Mais quelle est l'étendue de la prohibition, et comment la nullité qu'elle prononce doit-elle être appliquée ?

La nullité que prononce l'article 896 doit évidemment atteindre toutes les dispositions liées à la substitution, quand elles forment un tout unique et indivisible ; quand, au contraire, il y a plusieurs dispositions distinctes et indépendantes les unes des autres, la nullité ne frappe que celle des dispositions qui est entachée de substitution.

C'est ainsi que la nullité d'un legs universel contenant substitution, ne porte aucune atteinte à la validité des legs particuliers contenus au même testament. Ces legs seront acquittés par les héritiers *ab intestat.*

C'est ainsi encore que la nullité d'un legs de nue propriété avec charge de conserver et de rendre, ne laisse pas moins subsister le legs d'usufruit des mêmes biens fait à un autre légataire. Il y a dans ce cas deux dispositions parfaitement distinctes et indépendantes l'une de l'autre.

Que décider néanmoins quand la charge de conserver et de rendre ne porte que sur une partie des biens légués. La disposition est-elle valable pour le surplus ? — Une disposition est conçue dans les termes suivants : *Je lègue à Primus ma maison et ma ferme, à la charge de conserver et de rendre, après sa mort, ma maison à Secundus.*

On a soutenu que dans ce cas la disposition était nulle pour tous les biens légués. Parce que, a-t-on dit, tout le legs a été fait à la charge de conserver et de rendre une partie, soit la maison.[1]

---

1. Marcadé, art. 896, n° 8.

Cette argumentation subtile tombe évidemment devant l'appréciation exacte et l'analyse de la disposition. En quoi peut-on dire que l'ensemble des biens donnés est grevé de la charge d'en rendre une partie? On ne contesterait pas que le legs de la ferme ne serait pas atteint par la prohibition, si le testateur avait d'abord légué à Primus purement et simplement la ferme, puis, soit dans le même testament, soit dans un testament postérieur, la maison à la charge de la conserver et de la rendre à Secundus. « En raison et en « bonne foi, s'écrie M. Demolombe, quelle différence y a-t- « il entre les deux hypothèses ? »[1]

Nous ne pensons pas cependant que l'opinion de M. Demolombe soit admissible pour le cas d'une disposition ainsi conçue : *Je lègue la totalité de mes biens à Primus, à la charge d'en conserver et d'en rendre, après sa mort, la moitié à Secundus.* Dans ce cas, en effet, et surtout s'il résultait de l'ensemble de la disposition, que c'est à Secundus que le testateur a entendu abandonner l'option de la moitié, c'est-à-dire le choix des biens qui la composeront, la totalité des biens est en quelque sorte grevée. Une pareille disposition produirait nécessairement les inconvénients dont le législateur a voulu éviter le retour en prohibant les substitutions.

La Cour de cassation est allée plus loin encore, et trop loin, à notre avis, en jugeant que la disposition par laquelle un testateur lègue conjointement un immeuble à deux personnes, à charge par ces deux légataires de rendre l'immeuble légué, le premier à ses enfants, le second à ses collatéraux, est nulle pour le tout, lors même que, dans l'espèce, la substitution était permise à l'égard du premier des légataires. La Cour a jugé que le vice résultant de la

1. MM. Demolombe, n° 179. Aubry et Rau, *loc. cit.*, note 57.

substitution prohibée à l'égard du second légataire et des collatéraux, annulait la disposition dans son entier.[1]

Nous avons dit que l'article 896 frappait de nullité la substitution dans son entier, tant à l'égard du grevé qu'à l'égard de l'appelé. La disposition principale et la disposition subsidiaire sont toutes deux annulées.

Mais ne peut-il pas arriver, indépendamment de la prohibition et de la nullité prononcées par cet article, que l'une des dispositions se trouve entachée d'une nullité de forme ou de fond? Dans ce cas, faudrait-il décider que la disposition principale doit valoir comme donation ou legs pur et simple, quand la disposition subsidiaire est nulle, ou que la disposition subsidiaire doit valoir comme donation ou legs direct, quand c'est la disposition principale qui est nulle?

L'affirmative est généralement admise, et nous croyons que c'est avec raison. En effet, une disposition nulle est réputée légalement ne pas exister. Elle ne peut donc influer sur le sort d'une autre disposition qui, en elle-même, n'est entachée d'aucun vice.

Ne pourrait-on pas objecter néanmoins, pour le cas où ce serait la disposition principale, l'institution, qui serait nulle, que la disposition subsidiaire doit disparaître avec elle comme étant son accessoire? Cette objection ne nous paraît pas sérieuse.

En effet, si la disposition subsidiaire, en admettant la validité et l'exécution des deux, ne peut, par la force même des choses, être exécutée qu'après la disposition principale, il n'est pas juste de dire qu'elle forme l'accessoire de celle-ci. « D'ailleurs, disent MM. Aubry et Rau[2], quand même « la disposition en second ordre formerait un accessoire de « la disposition en premier ordre, il n'en résulterait pas

1. Cass., 9 juillet 1851. Sir., 51, 1, 605.
2. MM. Aubry et Rau, *loc. cit.*, note 58.

« qu'elle dût s'évanouir en cas de nullité de cette dernière. « En effet, la substitution devant être établie dans la forme « prescrite pour la validité des donations ou des testaments, « elle réunit en elle-même, et indépendamment de l'exis- « tence de l'institution, toutes les conditions prescrites pour « l'efficacité d'une disposition à titre gratuit; et l'on sait « que la règle: *Accessorium sequitur principale*, est inappli- « cable toutes les fois que l'accessoire est de nature à se « soulever par lui-même: *Quando accessorium per se stare « potest.* »

Nous pensons qu'il doit en être de même au cas où l'une des dispositions est devenue caduque par le décès du grevé ou de l'appelé avant le décès du testateur.[1]

Mais il en serait autrement au cas où il s'agirait d'une cause de caducité postérieure à l'époque du décès du testateur. Alors, en effet, le décès du premier gratifié ne saurait rendre efficace la disposition faite au profit du second, et réciproquement. La disposition dans son ensemble était nulle au moment de l'ouverture de la succession. Dès ce moment, l'héritier *ab intestat* aurait acquis le droit de demander la nullité de la disposition tout entière; le décès du grevé ou de l'appelé ne saurait le priver de l'exercice de ce droit.

Il faut en dire tout autant de la renonciation que le grevé ou l'appelé aurait faite à son droit. Le grevé ne saurait valider la disposition en renonçant à l'institution, l'appelé ne saurait la faire valoir en renonçant à la substitution. Nous verrons même plus loin que l'héritier légitime lui-même ne serait pas lié par un engagement ou une ratification d'où l'on induirait qu'il a renoncé au droit qui lui appartient de demander la nullité de la substitution.

---

1. MM. Demolombe, n° 184. Aubry et Rau, *loc. cit.* Cass., 26 février 1855. Sir., 55, 1, 182. Agen, 7 juillet 1857. Sir., 57, 2, 408.

Nous venons de voir quelle est l'étendue de la prohibition et de la nullité qu'elle engendre. Nous avons à rechercher maintenant quels sont ceux auxquels appartient le droit de demander la nullité de la disposition. Nous examinerons ensuite si ceux auxquels ce droit appartient peuvent y renoncer; et, enfin, quel serait l'effet de la clause pénale que le testateur aurait insérée dans sa disposition dans le but d'entraver l'exercice de ce droit.

C'est, en général, à l'héritier légitime qu'appartient le droit de demander la nullité de la disposition, tant contre le grevé que contre l'appelé. Et ce principe est applicable même au cas où l'héritier légitime se trouverait jouer, lui-même, un rôle dans la disposition fidéicommissaire, soit celui du grevé, soit celui du substitué.

Alors, il est vrai, l'article 896 n'est plus appliqué dans toute son étendue; la disposition en elle-même sera annulée, mais l'héritier *ab intestat,* selon qu'il sera grevé ou substitué, conservera les biens, mais sans charge de rendre, ou les recueillera directement en sa qualité d'héritier.

Ce résultat est produit par la force même des choses. Et le législateur, en disposant que la nullité ne frappera jamais que le *donataire, l'héritier institué, ou le légataire*, a reconnu qu'elle ne pouvait pas atteindre l'héritier *ab intestat.*

Mais le principe que nous venons de poser est-il encore applicable quand l'universalité des biens est recueillie par un légataire universel, et des biens spécialement déterminés par un légataire particulier grevé de substitution? Est-ce alors le légataire universel ou l'héritier légitime qui peut demander la nullité du legs particulier entaché de substitution et profiter de la nullité prononcée?

M. Demolombe, pour examiner la question, suppose, pour écarter toute difficulté étrangère, que le légataire universel se trouve en présence d'un héritier *ab intestat* non réservataire.

La qualité de réservataire de l'héritier *ab intestat* est-elle ici réellement une difficulté? nous ne le pensons pas. En admettant, en effet, que le légataire universel ait seul le droit de demander la nullité du legs particulier entaché de substitution, et seul le droit d'en profiter, il faut reconnaître qu'il n'y a plus à se préoccuper de la question de savoir si l'héritier *ab intestat* est ou n'est pas réservataire.

Bien que le légataire unisersel soit obligé de demander la saisine à l'héritier réservataire, il n'en demeure pas moins investi de tous les droits du défunt, sauf la portion indisponible. Or, la quotité disponible a été calculée sur la masse de tous les biens, que le défunt en ait disposé valablement ou non (art. 922). La nullité du legs n'intéresse donc plus l'héritier. «Il a reçu, dit M. Troplong, la part qui lui était «due par la nature et la loi. Il doit se trouver satisfait. Il «aurait plus que sa réserve, s'il profitait de la nullité du «legs.»[1]

N'est-ce pas au légataire universel seul que profite la caducité des legs particuliers ou à titre universel qu'il eût été tenu d'acquitter[2]? N'est-ce pas aussi à lui seul que profite la renonciation que l'institué contractuel faisait après le décès du disposant[3]? L'héritier réservataire, en un mot, dont la réserve est intacte et entière, n'est plus pour les autres biens qu'héritier pur et simple. Or, comme, en aucun cas, cette portion réservée ne saurait être entamée, il faut reconnaître que notre question est la même et doit recevoir la même solution qu'il s'agisse d'un héritier réservataire ou d'un héritier *ab intestat* pur et simple.

---

1. M. Troplong, t. IV, n° 1777.
2. MM. Aubry et Rau, § 726. Troplong, t. IV, n° 2160.
3. Troplong, n° 2356.

Disons aussi, avant d'entrer dans l'examen de notre question, que, quand le testateur, prévoyant le vice dont le legs particulier était atteint, a lui-même, soit expressément, soit tacitement, déclaré que les biens compris dans le legs annulé profiteraient au légataire universel ou à l'héritier, aucun doute ne peut plus s'élever. La personne désignée aura alors seule le droit d'exercer l'action en nullité et seule le droit d'en profiter.[1]

La question de savoir si c'est au légataire universel ou à l'héritier légitime qu'il appartient de provoquer la nullité d'un legs entaché de substitution, peut se présenter dans deux hypothèses différentes. Dans la première, le testateur a institué un légataire universel, puis il a fait un legs particulier avec charge, pour le légataire particulier, de conserver et de rendre; dans la seconde, le testateur n'a institué qu'un seul légataire, un légataire universel, et l'a chargé de conserver et de rendre des biens compris dans le legs universel.

Il y a donc entre ces deux hypothèses la différence que, dans la première, la substitution est mise à la charge d'un légataire particulier, et que, dans la seconde, elle est mise à la charge du légataire universel lui-même.

Trois solutions différentes ont été données sur la difficulté :

1° D'après un premier système, le droit de demander la nullité de la disposition fidéicommissaire appartient à l'héritier légitime seul, et cela dans les deux hypothèses. Les biens compris dans la disposition annulée reviendraient donc dans la succession *ab intestat;* ils seraient retranchés du legs universel pour profiter aux héritiers légitimes.

Cette solution a été proposée et soutenue par MM. Rodière et Proudhon.

1. Cass., 18 mai 1825. Cass., 15 juillet 1828.

L'argumentation de M. Rodière peut se résumer ainsi : Le légataire universel, tenant tous ses droits de la volonté du testateur, semble obligé, dans le for intérieur, de respecter en tout point cette volonté. Si donc il pouvait demander la nullité de la substitution, il se montrerait déloyal en usant de cette faculté. Tout au contraire, en se soumettant à cette obligation de conscience, sa délicatesse ferait revivre tous les inconvénients des substitutions que le législateur a voulu proscrire. De là, M. Rodière conclut que l'héritier légitime, qui ne peut être arrêté par ce scrupule de conscience, puisqu'en attaquant la substitution, il ne fait que réclamer, en quelque sorte, son bien, doit seul être admis à profiter de la nullité de la substitution.[1]

Proudhon, dans une consultation délibérée à l'appui d'un pourvoi en cassation dirigé contre un arrêt de la Cour de Montpellier du 10 février 1836, s'exprime ainsi :

« Le droit d'accroissement au legs universel n'a pas lieu « dans le cas où le légataire est lui-même chargé de conser- « ver et de rendre un objet particulier, quoique son titre « général subsiste, malgré la nullité de la disposition parti- « culière entachée de substitution ; car la loi a voulu la nul- « lité, même à l'égard de l'héritier institué universellement, « et l'a établie au profit des successeurs *ab intestat*....

« La qualité de légataire universel, que le testament donne « au sieur de Pierrefeu, n'empêche pas les héritiers légitimes « de profiter de la nullité, puisqu'elle est prononcée contre « le légataire universel lui-même, appelé à ce titre à re- « cueillir les biens rentrés dans la succession testamentaire. « Admettre le système contraire, ce serait violer la loi et in- « diquer le moyen de faire valoir les substitutions fidéicom- « missaires, en appelant un légataire universel à recueillir

1. *Revue de législation et de jurisprudence*, t. IV, p. 232.

« les biens grevés dans un cas qui n'arriverait jamais : cette « vocation purement hypothétique suffirait, en effet, toujours « pour écarter les héritiers du sang. »[1]

2° D'après une deuxième doctrine, il faut distinguer entre les deux hypothèses : le droit de demander la nullité de la substitution appartiendrait au légataire universel, quand c'est un légataire particulier qui est grevé de substitution ; il appartiendrait à l'héritier légitime, quand c'est le légataire universel lui-même qui, pour des biens déterminés, est grevé de substitution au profit d'un légataire particulier.[2]

3° Enfin, la troisième opinion, que nous croyons devoir adopter, enseigne que dans les deux hypothèses c'est au légataire universel seul qu'appartient le droit de demander la nullité de la substitution et d'en profiter.[3]

Cette solution s'appuie sur le principe incontestable, qu'en règle générale, le légataire universel profitant seul, à l'exclusion des héritiers légitimes, de la nullité et de la caducité des dispositions à titre particulier, a seul aussi le droit de proposer cette caducité et cette nullité.

Ce principe est mis en évidence par deux arrêts de la Cour de cassation, l'un de 1837, l'autre de 1852.[4]

« Attendu, en droit, dit l'arrêt de 1837, que c'est au lé« gataire universel qu'appartient l'universalité des biens que « le testateur laisse à son décès ; que même, si, à cette épo« que, il n'existe pas d'héritiers auxquels une portion de la

---

1. Voir Sirey, 1837, 1, 817, note 1. Affaire Albe contre Pélissier de Pierrefeu : Il est vrai de dire cependant que dans l'espèce le testateur, par une clause finale, avait disposé que le legs universel était fait sous la condition expresse que le légataire universel se conformerait, sans pouvoir y déroger d'aucune manière, aux legs et dons ainsi qu'à tous les articles du testament.

2. Dalloz, 1852, 1, 263, notes 3 et 4. Poujol, art. 896, n° 33.

3. M. Demolombe, n° 191.

4. Cass., 24 mai 1837. Sir., 1837, 1, 817. Cass., 17 mai 1852. Sir., 1852, 1, 570.

« succession est réservée, il est saisi de plein droit, sans « être tenu de demander la délivrance; qu'investi ainsi de « l'universalité des droits héréditaires, si quelques disposi- « tions faites par le testateur sont nulles et par conséquent « réputées non écrites, c'est aussi le légataire universel qui « seul profite de cette nullité, à l'exclusion des héritiers du « sang qui n'ont, par là, ni qualité, ni droit, ni intérêt pour « la provoquer. »

« Attendu, en droit, dit l'arrêt de 1852, que le légataire « universel qui, par la nature de son titre, se trouve investi « de l'universalité des biens de la succession, à la condition « d'en supporter les charges et d'en payer les dettes, repré- « sente et continue la personne du testateur; qu'il est saisi « de plein droit, par la mort de ce dernier, de toute la suc- « cession et, par là, de tous les biens qui peuvent la com- « poser, de quelque espèce qu'ils soient, à l'exclusion des « héritiers du sang auxquels la loi n'en a pas réservé une « portion; attendu qu'il suit de là que le légataire universel, « dans ce cas, peut et doit profiter seul de la nullité ou de la « caducité des dons et legs faits par le testateur, par la rai- « son que les choses qui en font l'objet retournent nécessai- « rement alors, comme à leur centre naturel, à la succession « qui lui est dévolue, et dont ils ne sont qu'une délégation; « que par une autre conséquence inévitable et absolue, c'est « à lui également, à l'exclusion des héritiers réservataires, « qu'appartient le droit de se prévaloir des moyens de nullité « ou de caducité à l'aide desquels ce rapport peut s'opérer. »

Maintenant, est-il vrai de dire que ces principes doivent recevoir exception quand la nullité provient d'une disposition fidéicommissaire?

On se fonde pour soutenir cette opinion sur l'article 896, qui prononce la nullité *même à l'égard de l'héritier institué.*

Sans doute, la nullité prononcée par l'article 896 atteint tout à la fois l'héritier institué, c'est-à-dire le légataire universel, et l'appelé; mais quand la loi s'exprime ainsi, elle n'entend parler que des biens grevés de substitution, ou plutôt elle suppose que c'est l'hérédité elle-même que l'héritier institué est chargé de conserver et de rendre. Mais telles ne sont pas les deux hypothèses dans lesquelles notre question se présente. Il y a ici un legs universel évidemment valable, qui transmet irrévocablement l'hérédité au légataire, et ce n'est qu'un legs particulier qui est entaché de substitution; l'hérédité, au contraire, est transmise sans charge ni condition.

Et d'ailleurs, où iraient les biens compris dans le legs entaché de substitution? A la succession *ab intestat* et à l'héritier légitime! «Mais, dit avec raison M. Demolombe, il n'y «a plus en face de ce legs universel, ni succession *ab intes-*«*tat,* ni héritier légitime.... Dès que le legs universel est sé-«rieux et valable, n'est-ce pas en réalité, comme si le tes-«tateur, expliquant lui-même sa volonté, avait déclaré que «son légataire universel aurait tous les droits qu'aurait eus «son héritier légitime, et que, si la substitution qu'il a faite «relativement à un objet particulier était nulle, cette nullité «profiterait à son légataire universel, à l'exclusion de son «héritier?»

Ce sont là les véritables principes qui régissent le legs universel. M. Rodière les méconnaît de la manière la plus évidente.

On ne voit pas, du reste, en quoi le respect dû à la volonté du testateur devrait incomber au légataire universel seul et non pas aux héritiers. Les considérations que fait valoir M. Rodière s'appliqueraient avec la même force à la nullité des legs particuliers résultant de toute autre cause que d'une substitution prohibée. Sa doctrine conduirait donc à ce résultat absurde que le légataire universel ne devrait jamais être appelé à profiter d'un legs nul ou caduc.

Quant à l'argumentation de M. Proudhon, elle paraît reposer principalement sur cette idée que le testateur pourrait éluder la règle prohibitive des substitutions, en instituant éventuellement un légataire universel qui recueillerait les biens substitués dans le cas où sa disposition serait annulée. Les héritiers ne pourraient ou ne voudraient pas exercer l'action en nullité, et le légataire éventuel n'aurait pas le droit de le faire.

On peut, sans doute, léguer sous condition suspensive; mais ici, en admettant la validité d'un legs pareil, nous croyons que le légataire n'aurait d'aucune façon à craindre de voir son action repoussée par une fin de non-recevoir, sa vocation éventuelle étant précisément subordonnée à la réussite de son action.

C'est surtout dans ses conséquences et ses résultats que la doctrine que nous combattons se trouve en opposition avec les principes.

Comment, par exemple, après que les biens détachés au legs universel auront fait retour aux héritiers, les dettes seront-elles payées?

La question s'est présentée devant la Cour de Poitiers qui, par un arrêt du 6 mai 1852, avait décidé que les biens compris dans la disposition fidéicommissaire devaient revenir à l'héritier légitime. Dans l'espèce, cet héritier n'était pas réservataire: le légataire universel était donc seul tenu des dettes; néanmoins la Cour de Poitiers, par arrêt du 16 mai 1855[1], a jugé que l'héritier légitime serait tenu de supporter les dettes de la succession dans la proportion des biens par lui recueillis à la suite de l'annulation de la disposition. La

1. Sir., 1856, 1, 388.

Cour de Poitiers se fondait, pour arriver à ce résultat, sur ce que la volonté du testateur avait été que l'universalité des charges et du passif pesât sur l'universalité des biens, que cette universalité se trouvant divisée par suite de l'attribution à l'héritier légitime des biens substitués, cet héritier devait contribuer au passif dans la proportion de son émolument.

Mais cette prétendue interprétation de la volonté du défunt était-elle fondée? nous sommes loin de l'admettre. Et, tout au contraire, nous croyons que, contrairement à cette volonté, la Cour de Poitiers avait à tort changé un legs universel en un legs à titre universel.

Concluons donc que dans toute hypothèse, sans distinction, c'est au légataire universel seul qu'appartient le droit de demander la nullité.

Celui auquel appartient le droit d'exercer l'action en nullité, c'est-à-dire, suivant les cas, l'héritier légitime ou le légataire universel, peut-il renoncer à l'exercice de cette action, ou plutôt, serait-il lié légalement par sa renonciation?

Cette renonciation, en la supposant possible, résulterait soit d'une déclaration formelle, soit d'un acquittement, soit enfin d'une ratification quelconque, expresse ou tacite.

La nullité de la substitution étant d'ordre public, il nous paraît évident qu'on ne pourrait pas valablement renoncer au droit de provoquer cette nullité. Il nous paraît certain aussi que l'exécution, même volontaire et en connaissance de cause de la disposition, ne couvrirait pas la nullité.

Cependant nous admettons qu'on peut renoncer à se prévaloir de l'action en nullité, et qu'on est lié par cette renonciation, quand, par l'effet d'un commun accord des parties intéressées, le caractère substantiel de la substitution, qui consiste dans la charge de conserver et de rendre, a disparu, et quand la disposition est devenue pure et simple à l'égard de l'un des donataires ou légataires.

Mais on est allé plus loin et l'on a soutenu que l'héritier ou le légataire universel pouvait renoncer à son action, sans que la disposition elle-même fût modifiée dans sa substance. Dans tout acte, a-t-on dit, qui intéresse l'ordre public, il faut distinguer, en ce qui touche la ratification, l'acte lui-même des intérêts pécuniaires qui s'y rattachent. On ne peut sans doute valider un acte entaché de substitution en le ratifiant expressément ou en l'exécutant volontairement, en ce sens que la ratification ou l'exécution ne pourra jamais avoir pour effet de rendre les biens inaliénables entre les mains du grevé; et la charge de conserver et de rendre resterait sans effet malgré la ratification. Mais il en est autrement à l'égard du droit qui appartient à l'héritier de demander la nullité de la substitution. C'est là un droit purement privé auquel il peut renoncer. Et s'il importe à l'ordre public que les biens soient transmissibles et de libre disposition, il importe peu qu'ils soient dans une main plutôt que dans l'autre.

Ce système a été soutenu à l'appui d'un pourvoi en cassation contre un arrêt de la Cour de Poitiers du 29 décembre 1858.

Un testateur avait institué un légataire universel avec la charge de conserver les biens légués et de les rendre à une personne déterminée. Il avait fait un legs particulier à son héritier légitime.

Le légataire particulier avait demandé au légataire universel la délivrance de son legs. Plus tard, il intenta une action en nullité de la disposition principale. On lui opposa une fin de non-recevoir prise de l'exécution volontaire qu'il avait donnée au testament, en demandant la délivrance du legs particulier.

La Cour de Poitiers rejeta cette fin de non-recevoir, par le motif que la nullité, étant d'ordre public, ne saurait être couverte par aucune renonciation ni ratification quelconque.

Sur le pourvoi dirigé contre cet arrêt, la Cour de cassation, par arrêt du 24 avril 1860, statua de la manière suivante :

« Attendu que les nullités d'ordre public ne sont suscep-« tibles d'être couvertes par aucune ratification, et que l'ar-« rêt attaqué se fonde à bon droit sur ce principe incontes-« table; — attendu que tel est évidemment le caractère de « la nullité dont la loi frappe les dispositions testamentaires « entachées de substitution prohibée; — attendu que s'il « était vrai, comme le prétend le demandeur, qu'en ce qui « touche leurs intérêts pécuniaires, les parties pussent vala-« blement renoncer à se prévaloir d'une nullité d'ordre pu-« blic, elles ne pourraient, en tout cas, être liées par leur « renonciation, qu'autant que l'exécution d'une disposition « que la loi prohibe dans un intérêt général, n'en aurait point « été la condition; — attendu, en fait, que la ratification « dont le demandeur excipe contre le défendeur éventuel, « ratification qu'il voudrait induire de la délivrance par lui « demandée au légataire universel, du legs particulier fait, à « son profit, comprendrait le testament dans son entier, et « aurait maintenu à la charge de l'institué l'obligation qui lui « était imposée de conserver et de rendre à son décès les « biens par lui recueillis; — attendu qu'une telle ratifica-« tion qui laissait substituer le vice du testament eût été ra-« dicalement nulle, et que c'est à juste titre que l'arrêt « attaqué déclare qu'elle ne pourrait créer une fin de non-« recevoir opposable à l'action du défendeur éventuel. »[1]

La confirmation formelle ou l'exécution volontaire de la disposition n'est donc valable et ne peut lier les parties

1. Sir., 1860, I, 514.

que quand là charge de conserver et de rendre disparaît complétement.

Maintenant dans quels cas peut-on dire que la disposition a été modifiée de telle sorte que la charge de conserver et de rendre a été anéantie?

Il est évident que la ratification ne saurait porter sur le testament dans son entier, car alors, comme le dit avec raison l'arrêt que nous venons de rapporter, la ratification porterait à la fois sur l'institution et sur la substitution, et laisserait subsister le vice de la disposition.

Mais la ratification est valable et efficace, et la charge de conserver et de rendre disparaît, quand, par un commun accord des parties intéressées, les biens restent au grevé purement et simplement, ou passent directement au substitué. La substitution ne sera plus dès lors qu'une libéralité pure et simple ou une libéralité directe. Mais à vrai dire, ce n'est pas là une ratification proprement dite de la disposition, c'est bien plutôt une modification complète de celle-ci.

Nous disons que le concours de toutes les parties intéressées est nécessaire. En effet, la seule répudiation du grevé ou du substitué de la libéralité faite en sa faveur, ne saurait valider la disposition à l'égard de l'héritier légitime ou du légataire universel. «La répudiation, disent MM. Aubry et «Rau[1], n'empêche pas que le concours de l'institution et de «la substitution n'ait réellement existé au décès du testa«teur; et il ne peut dépendre du grevé ou de l'appelé de «couvrir, quant à l'une de ces dispositions, la nullité qui les «frappe toutes deux, en renonçant à celle qui est faite à son «profit. Une pareille renonciation devrait être considérée «comme non avenue, puisqu'on ne peut réellement et sé«rieusement renoncer qu'à des droits que l'on pourrait uti-

1. MM. Aubry et Rau, *loc. cit.*, note 60.

« lement réclamer : *Quod quis si velit habere non potest, re-*
« *pudiare non potest.* »

S'il est vrai de dire que les parties intéressées peuvent valablement renoncer à arguer de nullité une disposition contenant une substitution prohibée, quand elles ont d'un commun accord modifié celle-ci dans sa substance, à plus forte raison faut-il admettre que la transaction est légalement possible et valable sur une disposition à l'égard de laquelle il y aurait contestation sur le point de savoir si elle est nulle comme contenant une substitution prohibée, ou si elle est valable. La transaction, en effet, ne porte pas sur la disposition elle-même, mais sur l'interprétation à donner à une disposition susceptible de deux sens.[1]

Mais il est bien évident que la transaction ne sera valable qu'autant qu'elle aura été sincère, c'est-à-dire qu'elle aura eu pour objet une disposition dont l'interprétation pouvait réellement donner lieu à des contestations sérieuses.

La transaction est, en effet, un contrat commutatif par lequel chaque partie sacrifie ses droits, de telle sorte que la renonciation de l'une est censée compensée par le sacrifice de l'autre. Qu'il s'agisse d'une convention qualifiée de transaction par laquelle une partie intéressée aura ratifié une disposition tellement claire que l'existence de la substitution prohibée ne pouvait donner lieu à une contestation sérieuse : ce ne sera évidemment pas une transaction valable et obligatoire pour les parties ; ce ne sera, en dernière analyse, qu'une renonciation de la part de l'une des parties à l'action en nullité qui lui compétait, ou son désistement de l'action déjà intentée. Or, nous avons vu qu'une pareille renonciation n'a aucun effet en tant, du moins, qu'elle porte sur l'ensemble de la disposition.[2]

1. Caen, 16 novembre 1855. Sir., 1855, 2, 190.
2. M. Demolombe, n° 186.

La nullité de la substitution prohibée étant d'ordre public, il est évident que le testateur ne pourrait valablement établir une clause pénale contre ses héritiers pour le cas où ils provoqueraient la nullité d'une disposition par lui faite en l'impugnant de substitution.

La condition de ne pas exercer une action en nullité fondée sur un motif d'ordre d'intérêt public est illicite, et doit être considérée comme non écrite (art. 900).[1]

Mais que décider quand le testateur a déclaré que *dans le cas où une disposition par lui faite au profit de Primus et de Secundus, serait attaquée comme renfermant une substitution, il entendait se départir de cette disposition ainsi faite et léguer soit purement et simplement à Primus, soit directement à Secundus?* Une pareille déclaration devrait-elle être assimilée à une clause pénale et réputée non écrite?

La négative est généralement enseignée par la doctrine. «Si un disposant, dit Rolland de Villargues, dans l'ignorance des caractères qui constituent la substitution, en «avait réellement établi une, mais avec la clause que dans «le cas où la disposition serait annulée comme substitution, «il entend néanmoins que la disposition principale, c'est-à-«dire la donation, l'institution ou le legs, continue d'avoir «son effet, il est évident que la disposition principale de-«vrait continuer de substituer, malgré la nullité de la sub-«stitution. Car alors cette disposition principale devient «isolée; elle se détache de la substitution; et le sort de celle-«ci ne peut plus influer sur le sort de celle-là. En un mot, «la chose revient au même que si la substitution n'eût ja-«mais été établie, et que la disposition principale eût tou-«jours été isolée.»[2]

---

1. MM. Demolombe, n° 187. Aubry et Rau, *loc. cit.*, p. 32.
2. Rolland de Villargues, n° 340, p. 375.

M. Demolombe professe la même opinion. Il pense qu'une clause pareille ne saurait être confondue avec une clause pénale, parce que, loin d'être en révolte contre la loi, elle est, tout au contraire, un acte de déférence et de soumission envers elle. Il ajoute qu'en maintenant et en exécutant une pareille clause, c'est-à-dire en réduisant à une libéralité unique la double disposition, on ne violerait en rien la volonté du testateur; ce dernier ayant lui-même déclaré qu'il voulait que sa disposition fût ainsi exécutée, dans le cas où la loi s'opposerait à ce qu'elle le fût tout entière.[1]

Ces arguments, selon nous, n'entrent pas dans le fond de la difficulté, et l'opinion contraire que professent MM. Aubry et Rau nous paraît devoir être admise. « L'effet de la « clause, disent lès savants professeurs, serait de priver de « toute sanction la prohibition établie par l'article 896, puis- « qu'elle enlèverait aux personnes qui seules peuvent avoir « intérêt à attaquer une substitution, tout motif de le faire. »[2]

En effet, l'acte de déférence et de soumission envers la loi, que M. Demolombe trouve dans la clause dont il s'agit, est bien plus apparent que réel. Et n'est-elle pas plutôt une véritable révolte contre la loi, que la disposition faite de telle manière que par l'effet d'une prétendue alternative posée par le disposant, personne n'aurait plus intérêt à faire annuler la substitution ?

MM. Aubry et Rau font remarquer également que la validité d'une clause de la nature de celle dont nous parlons, serait une source de difficultés sérieuses, tant pour le règlement des droits respectifs du grevé et du substitué, que pour la détermination des droits des tiers qui auraient traité soit avec l'un, soit avec l'autre.

M. Demolombe examine, dans le même ordre d'idées, une

1. M. Demolombe, n° 188.
2. MM. Aubry et Rau, *loc. cit.*, note 61.

hypothèse à peu près semblable à celle dont nous venons de parler. Il suppose que sous l'empire d'une loi qui autorisait les substitutions soit d'une manière absolue, soit avec restrictions, un testateur a fait sciemment une disposition contenant une substitution évidente, et que, prévoyant les modifications qu'une loi future pourrait apporter à la législation, il a déclaré que dans le cas où cette loi frapperait sa disposition de nullité, il entendait la faire considérer comme libéralité pure et simple au profit de l'institué, ou directe au profit du substitué.

M. Demolombe pense qu'une clause pareille doit être considérée comme valable. «Et même, ajoute-t-il, dans une «matière comme celle-ci, où nous avons vu tant de régimes «nouveaux venir défaire ce que les régimes précédents «avaient fait, et défendre ce qu'ils avaient permis, nous «croyons que ce serait une précaution toujours bonne à «prendre, lorsqu'on fait une substitution sous une loi qui «l'autorise, et qu'on a néanmoins, à tout événement, la vo«lonté de faire la disposition soit au profit du grevé, soit «au profit de l'appelé, lors même que la substitution serait «impossible, de déclarer cette volonté et que l'on entend «que, si une loi nouvelle venait déclarer la substitution nulle, «la substitution vaudrait alors soit comme libéralité pure et «simple au profit du grevé, soit comme libéralité directe au «profit de l'appelé.»

Nous pensons que cette solution ne doit être admise qu'avec restriction. Si le testateur a disposé de telle manière que sa double disposition soit destinée à devenir une libéralité pure et simple ou directe au profit de l'un des gratifiés seul, par le seul fait de la promulgation d'une loi postérieure, nous admettrons la validité de sa disposition. Mais s'il a disposé de manière à subordonner la conversion de la substitution en libéralité pure et simple ou directe, non plus au seul fait de la survenance d'une loi postérieure, mais au fait de l'exercice de l'action en nullité fondée sur les dispositions de cette même loi, alors notre opinion sera toute différente, et nous dirons, en nous fondant sur les motifs indiqués dans l'hypothèse précédente, que la substitution tout entière doit être considérée comme nulle.

Nous terminerons ce que nous venons de dire sur la nullité des substitutions, le caractère et l'étendue de cette nullité, en faisant remarquer que cette nullité ne s'oppose pas toujours à ce que la disposition produise quelques effets indépendants du vice de la substitution elle-même.

Ainsi quand la disposition est testamentaire, et que d'ailleurs le testament est régulier en la forme, la disposition annulée n'en a pas moins pour effet de révoquer le testament antérieur dont les dispositions étaient incompatibles avec le nouveau testament.

Ce point de droit n'est pas néanmoins à l'abri de toute controverse.

L'article 1037 du Code Napoléon dispose que la révocation faite dans un testament postérieur aura tout son effet, quoique ce nouvel acte reste sans exécution par l'incapacité de l'héritier institué ou du légataire, ou par leur refus de recueillir. Or, il est reconnu que cette règle est applicable à la révocation tacite, tout aussi bien qu'à la révocation expresse. En effet, l'article 1037 est corrélatif aux articles 1035 et 1036; et, du reste, l'article 1038 prévoit précisément les cas d'une révocation tacite opérée par l'aliénation que le testateur a faite de la chose léguée, et il dit expressément que malgré la nullité de l'acte d'aliénation le testament reste révoqué.

La question revient donc à celle de savoir si un testament resté sans exécution pour d'autres causes que celles énoncées à l'article 1037, a pour effet de révoquer le testament antérieur ; en d'autres termes, l'article 1037 doit-il recevoir une interprétation extensive par analogie?

M. Duvergier, dans une consultation délibérée pour une affaire où notre question se présentait, a démontré par l'analyse de notre ancienne législation que l'article 1037 devait être étendu au cas où le second testament reste sans exécution pour d'autres causes que celles prévues par l'article 1037, quand toutefois le testament est régulier en la forme.[1]

La Cour de cassation a admis ce système par un arrêt du 25 juillet 1849[2] et l'a appliqué dans une espèce qui présentait cette particularité curieuse que les deux testaments avaient été faits au profit de la même personne.[3]

Il nous reste à examiner une dernière question qui se rattache directement à notre sujet.

Un donataire ou légataire a reçu des immeubles par l'effet d'une disposition entachée de substitution. Plus tard la disposition est attaquée par l'héritier légitime et annulée. Le légataire qui a joui des biens légués depuis le décès du testateur jusqu'au moment où il est obligé d'en déguerpir par suite de l'annulation prononcée, a-t-il été jusqu'à ce moment possesseur de bonne foi des immeubles légués ? La question, on le comprend, aura pour lui un sérieux intérêt; car il s'agira de savoir s'il peut ou non être condamné à la restitution des fruits perçus pendant sa jouissance.

La Cour de cassation a jugé par arrêt du 28 février 1853[4] que le légataire grevé de substitution ne pouvait être considéré comme possesseur de bonne foi et que, par suite, il devait être condamné à la restitution des fruits.

---

1. Sir., 1849, 1, 673, note 2.
2. Sir., *loc. cit.*
3. MM. Demolombe, n° 192. Aubry et Rau, t. VI, § 725.
4. Sir., 1853, 1, 332.

« Attendu que la possession passagère dans laquelle a été « la demanderesse depuis l'ordonnance d'envoi en possession « rendue à sa requête en vertu d'un titre radicalement nul « et faisant fraude à la loi, n'avait pas le caractère de bonne « foi de nature à lui conserver les fruits recueillis pendant « son indue jouissance, et que l'arrêt attaqué, en déclarant « nulle, comme portant une substitution prohibée et con- « traire à l'ordre public, la disposition testamentaire, a pu et « dû, comme conséquence, condamner le demandeur à la « restitution des fruits perçus. »

La doctrine de cet arrêt a été vivement critiquée par M. Devilleneuve, en note de l'arrêt rapporté. Nous pensons également qu'elle ne saurait être admise.

D'après l'article 550 du Code Napoléon le possesseur est de bonne foi, quand il possède en vertu d'un titre translatif de propriété dont il ignore les vices. Ces termes sont généraux et absolus, et ne font aucune distinction entre les vices de fait et les vices de droit.

La présomption *juris et de jure* que nul n'est censé ignorer la loi n'est écrite nulle part, pas plus quand il s'agit de dispositions d'ordre public que d'ordre privé.

Aussi est-il généralement admis que l'erreur de droit ne nuit pas, et qu'elle peut être le fondement d'une demande en restitution contre les engagements pris ou le consentement donné sous l'influence de cette erreur. Cette erreur est donc, en général, une excuse qui a nécessairement pour base la bonne foi. Or, si l'erreur commise de bonne foi et fondée sur un motif de nature à faire illusion est suffisante pour créer une *excuse*, une action ou une exception, lorsqu'il s'agit de restitution, n'en doit-il pas être de même lorsqu'il s'agit *de conserver* des fruits qui, pour être définitivement acquis, n'auraient besoin que d'être possédés de bonne foi?

D'un autre côté, il est certain que la bonne foi est, en général, une question de fait. Or, ici est-il donc absurde d'admettre que le possesseur a, en fait, loyalement pu recueillir et dépenser les fruits qu'il croyait lui appartenir.

Cette doctrine est enseignée par Zachariæ[1] et M. Demolombe[2]. Elle résulte également d'un arrêt de la Cour de Rennes du 19 mai 1849, ainsi conçu :

« Considérant qu'aux termes des articles 549 et 550, le « simple possesseur fait les fruits siens dans le cas où il pos« sède de bonne foi; qu'il est réputé de bonne foi lorsqu'il « possède comme propriétaire, en vertu d'un titre dont il « ignore les vices; considérant que la bonne foi est toujours « présumée, et que c'est à celui qui invoque la mauvaise foi « à la prouver; considérant que l'intimé a possédé les biens « qui font l'objet de la substitution prohibée, en vertu d'un « titre qu'il pouvait croire légalement translatif de la pro« priété sur tête; qu'il doit, dès lors, être présumé en avoir « joui de bonne foi; qu'on ne peut invoquer contre sa bonne « foi l'erreur de droit où il était sur la validité de son titre; « qu'il est donc vrai de dire qu'il n'a connu les vices de son « titre que par la demande introductive d'instance; que, dès « lors, ce n'est qu'à partir du jour où cette demande lui a « été notifiée qu'il doit être condamné à la restitution des « fruits et non du jour du décès du testateur. »[3]

CHAPITRE V.

De la preuve des substitutions.

La substitution permise n'est valable qu'autant qu'elle est faite dans un acte revêtu des formalités prescrites pour les

1. Zachariæ, I, § 201.
2. M. Demolombe, t. IX, n° 609.
3. Sir., 1850, 2, 610.

dispositions à titre gratuit; et dans ces sortes d'actes, la forme est *ad solemnitatem* et non *ad probationem*. Le moindre élément de la substitution qui se trouverait en dehors ferait entièrement défaut au corps de la disposition et suivrait le sort qui serait réservé à la disposition elle-même, si elle était contenue dans un acte non solennel.

Lorsque la preuve est écrite soit dans le testament, soit dans la donation, son existence ne peut être révoquée en doute et l'application de l'article 896 doit avoir lieu.

Mais l'héritier *ab intestat* peut-il établir la preuve d'une substitution prohibée hors de l'acte qui la contient?

M. Merlin professe l'affirmative; il pense que le gratifié pourrait être forcé par l'héritier *ab intestat* de répondre à un interrogatoire sur faits et articles, tendant à établir que sa libéralité a été verbalement grevée par le disposant d'une substitution fidéicommissaire. C'est en vain, dit-il, qu'il objecterait que celui-ci, en faisant cette prétendue disposition verbalement, savait bien qu'elle n'était pas obligatoire. Il n'en est pas moins vrai que le disposant s'est reposé sur la bonne foi du gratifié de l'accomplissement de sa volonté, que, par conséquent, celui-ci peut se croire moralement obligé à restituer; qu'il y a là un pacte illicite qui vicie la disposition principale et qu'elle ne pourrait recevoir son exécution qu'autant que la preuve de ce pacte viendrait à manquer; or, c'est pour établir cette preuve que l'interrogatoire sur faits et articles est réclamé; il faut donc que le gratifié s'y soumette[1]. Il appuie cette doctrine de deux arrêts de la Cour d'Orléans sanctionnés par la Cour de cassation.[2]

D'autres auteurs assimilent l'hypothèse qui nous occupe à celle d'une interposition de personne au profit d'un incapable, et comme il est permis de prouver le fidéicommis par

1. Merlin, *Questions de droit*, v° Substitution fidéicommissaire, § 14.
2. Rej., 22 décembre 1814. Sir., 1815, 1, 174.

tous les moyens possibles, même par de simples présomptions[1], ils en tirent la conclusion que la substitution peut être découverte par l'aveu, par des lettres missives, par toute espèce de preuve en un mot.

Le plus grand nombre d'auteurs, et dans le nombre nous comptons MM. Aubry et Rau[2], Rolland de Villargues[3], Dalloz[4], etc., décident le contraire. Une interposition de personne, allègue-t-on dans cette opinion, qui aurait pour but, par le secours d'un fidéicommis, de faire profiter un incapable d'une libéralité qu'il ne pourrait recevoir directement, pourrait à la vérité se prouver par tous les moyens possibles, car il s'agit de découvrir une fraude. Cette raison ne pourrait être invoquée par les personnes qui prétendraient prouver une substitution prohibée par des lettres missives ou par la délation de serment. Les simulations ne sont frappées par la loi que lorsqu'elles ont pour objet d'éluder des prohibitions légales. Or, s'il est possible de cacher une donation faite à un incapable, il est impossible de dissimuler une substitution prohibée, puisqu'il n'y a substitution qu'autant que tous ses éléments constitutifs ressortent formellement de la donation ou du testament. Que dans un pacte secret entre un donataire et un disposant, le premier s'oblige à restituer les biens à son décès à telle personne déterminée, la convention ne sera pas juridiquement obligatoire et le disposant ne sera pas arrivé à son but; et si la convention était volontairement exécutée, ce ne pourrait être qu'en respectant les droits des tiers, pour lesquels la propriété des biens donnés n'en au-

---

1. MM. Aubry et Rau, p. 35, note 65. Troplong, p. 296 et 297. Cass. Rej., 3 juin 1861. Sir., 1861, 1, 218. Rej., 1862, 1, 774. Affaire de Montreuil, C. Mgr de Dreux-Brézé et les héritiers de Villette.

2. MM. Aubry et Rau, p. 33.

3. Rolland de Villargues, n°s 350 et 351.

4. Dalloz, v° Substitution fidéicommissaire, p. 216, n°s 3 et 4.

rait pas moins été acquise d'une manière irrévocable pour le gratifié. Dans la libéralité par personne interposée, l'articulation de fraude s'attache à une disposition qui existe et qui serait valable, si on ne l'attaquait pas; ici, au contraire, celui qui articulerait la simulation serait dans la nécessité de présumer une substitution écrite; or, une telle disposition n'est pas une substitution, et ce serait tenter l'impossible, que prétendre prouver une disposition dont l'inexistence ressort des motifs mêmes qu'on allègue pour se dire recevable à apporter la preuve de son existence. A quoi aboutirait la preuve d'une substitution qui n'aurait pas été revêtue d'une forme régulière? Elle n'aurait pour les héritiers, qui seuls pourraient provoquer cette preuve, aucun résultat, puisque l'institution resterait valable et suffirait toujours pour les dépouiller; nous savons, en effet, que le sort de deux dispositions qui constituent une substitution n'est indivisible qu'autant qu'elles concourent toutes deux réellement dans une forme régulière. On ne serait donc pas fondé à dire qu'il s'agit d'une disposition qui est nulle et emporte la nullité de l'institution qu'elle modifie, et qu'ainsi ce ne serait plus le cas de la maxime : *Frustra probatur, quod probatum non relevat.*

www.ingramcontent.com/pod-product-compliance
Ingram Content Group UK Ltd.
Pitfield, Milton Keynes, MK11 3LW, UK
UKHW020255220726
13923UKWH00002B/935

9 782019 663742